私域流量
实操与变现

孙传东——著

中华工商联合出版社

图书在版编目(CIP)数据

私域流量实操与变现 / 孙传东著. -- 北京：中华工商联合出版社，2021.10
ISBN 978-7-5158-3200-5

Ⅰ.①私… Ⅱ.①孙… Ⅲ.①网络营销 Ⅳ.①F713.365.2

中国版本图书馆CIP数据核字（2021）第213683号

私域流量实操与变现

作　　者：	孙传东
出 品 人：	李　梁
责任编辑：	胡小英
装帧设计：	华业文创
责任审读：	李　征
责任印制：	迈致红
出版发行：	中华工商联合出版社有限责任公司
印　　刷：	三河市华润印刷有限公司
版　　次：	2021年11月第1版
印　　次：	2021年11月第1次印刷
开　　本：	710mm×1020mm　1/16
字　　数：	180千字
印　　张：	12.75
书　　号：	ISBN 978-7-5158-3200-5
定　　价：	48.00元

服务热线：010-58301130-0（前台）
销售热线：010-58302977（网店部）
　　　　　010-58302166（门店部）
　　　　　010-58302837（馆配部、新媒体部）
　　　　　010-58302813（团购部）
地址邮编：北京市西城区西环广场A座
　　　　　19-20层，100044
http://www.chgslcbs.cn
投稿热线：010-58302907（总编室）
投稿邮箱：1621239583@qq.com

工商联版图书

版权所有　侵权必究

凡本社图书出现印装质量问题，请与印务部联系。

联系电话：010-58302915

前 言
PREFACE

在后流量时代，面对获客难、转化难、成本高的难题，我们是不是就真的束手无策了呢？不，私域流量的登场，会让一切发生改变。

财经作家吴晓波在"预见2019"跨年演讲中曾这样预测："私域流量会在今年出现井喷。"这一预测得到了验证，以私域流量为核心的社交电商玩得可谓风生水起。而2019年年底新冠肺炎疫情的暴发，更是把私域流量推向了风口。私域流量已经成了企业自救、突围的重要武器。

所谓私域流量，是相对公域流量来说的。公域流量是指公共区域的流量，是大家共享的流量，如百度、天猫、拼多多、京东等，任何商家都可以进入并进行推广，用户可以选你家也可以选别家。公域流量的流量就是流过，是平台流量，并不单属于谁。

私域流量则是指从公域流量中引导出一部分并储存起来，可以在任意时间、任意频次，直接触达用户，并且都是免费的。像个人公众号、微信群、微信个人号、商户CRM系统等平台上的用户，都可以称为私域流量。

公域流量和私域流量的不同在于，公域流量被平台方垄断，流量的分配权在平台。而私域流量的价值更高，因为你积累的每一份私域流量都将成为未来的资产。私域流量积累得越多，获客的成本就会越低。

企业和商家若是想要运营属于自己的私域流量，首先必须了解自己的产品是否适合做私域流量，然后选择适合自己的私域流量载体，同时选择合适的私域流量运营工具。

当做好了这些准备，还要知道你的用户流量更多来源于外部的公域流量池，那么这一步最关键的就是要做好将用户从公域引流至私域的工作。比如微信群如何引流、微信个人号如何引流、微信小程序如何引流、微信朋友圈如何引流、APP如何引流，等等。

了解了这些专属私域流量的引流方式，第一步找到精准种子用户，下一步考虑的就是如何实现私域流量的裂变式增长、分享式海报怎么设计、裂变式诱饵怎么设计、裂变活动如何设计等。

做好引流和裂变的下一步是留存，运营者必须把流量思维转变为留量思维，关键就在这个"留"字。留住用户的底层逻辑一共有四个：内容、产品、利益、服务。做好留存是转化的基础，而要实现转化最不可或缺的是促活。

本书不只分析了做私域流量的价值，更探讨了如何获取私域流量，如何搭建自己的私域流量池，如何做好私域流量的内容营销。从理论到实操，讲解企业如何从0到1打造属于自己的私域流量。

不仅如此，本书还重点解析了私域流量的主战场——社群的促活和转化，也对当下最流行的私域加直播的变现玩法做了详细分析。同时，剖析了私域流量的成功案例，分享了实战战术。

私域流量已经崛起，我们应顺势而为。赢，自然会轻松一些。无论是对于创业者、企业老总，还是公司高管、小店主、自由职业者，本书都具有超强的指导意义。

目 录
CONTENTS

第一章　认识私域流量 ·· 001
　　一、私域流量的概念 ··· 002
　　二、私域流量池的概念 ·· 004
　　三、私域流量的五个认知误区 ·································· 007
　　四、为什么要做私域流量 ······································· 009

第二章　从0到1搭建私域流量 ··································· 017
　　一、你的产品适合私域流量吗？ ································ 018
　　二、选择私域流量的最佳载体 ·································· 020
　　三、选择合适的私域流量运营工具 ····························· 024
　　四、寻找精准种子用户 ·· 027

第三章　私域流量的专属引流方式 ······························ 031
　　一、微信群引流 ·· 032
　　二、QQ群引流 ··· 036
　　三、微信个人号引流 ··· 039
　　四、引流到微信公众号 ·· 045
　　五、微信小程序引流 ··· 050
　　六、微信朋友圈引流 ··· 054
　　七、APP引流 ·· 061
　　八、百度平台引流 ··· 064
　　九、今日头条引流 ··· 068
　　十、微博引流 ·· 071

第四章　私域流量的裂变式增长 ·································· 079
　　一、裂变海报设计 ··· 080

1

二、裂变诱饵设计 ·· 085
　　三、裂变活动设计 ·· 087
　　四、裂变文章设计 ·· 089

第五章　私域流量留存的底层逻辑 ································ 093
　　一、内容价值逻辑 ·· 094
　　二、产品优势逻辑 ·· 101
　　三、直接利益逻辑 ·· 105
　　四、精准服务逻辑 ·· 107

第六章　私域+社群的促活和转化 ·································· 109
　　一、话题促活 ·· 110
　　二、红包促活 ·· 113
　　三、激励促活 ·· 117
　　四、活动促活 ·· 121
　　五、社群变现 ·· 124
　　六、"网红+社群"变现 ·· 140

第七章　私域流量+直播变现的新玩法 ······························ 143
　　一、私域流量直播平台 ·· 144
　　二、私域直播变现的方式 ······································ 151
　　三、直播间的营销技巧 ·· 157
　　四、带货主播的人设打造 ······································ 163

第八章　私域流量+电商文案，引爆流量和成交 ···················· 169
　　一、被疯狂转发的朋友圈文案 ·································· 170
　　二、打造爆款短视频的文案 ···································· 173
　　三、让销量翻倍的小程序文案 ·································· 176
　　四、引导买买买的直播带货文案 ································ 179
　　五、社群引流、互动和成交的文案 ······························ 183
　　六、卖货的公众号文章策划 ···································· 186

第九章　私域流量成功案例解析 ···································· 191
　　一、李佳琦的私域流量运营 ···································· 192
　　二、完美日记的私域流量运营 ·································· 194

第一章

认识私域流量

一、私域流量的概念

"流量"是互联网里的一个基本概念，通俗地说就是有多少人来访问你的网站、APP、公众号、网店。

■ 什么是私域流量

私域流量的概念是相对于于公域流量的概念来说的。公域流量也叫平台流量，它是集体共有的流量，就是商家在公共范围内都能获取的流量，获取流量需要收费。

相反，私域流量属于单一个体，通俗地说就是自己的，是被品牌、商家或者个人截留的流量。它的特点是，可以在任意的时间、频次，免费且直接触达用户。

私域流量和公域流量的区别，如图1-1所示。

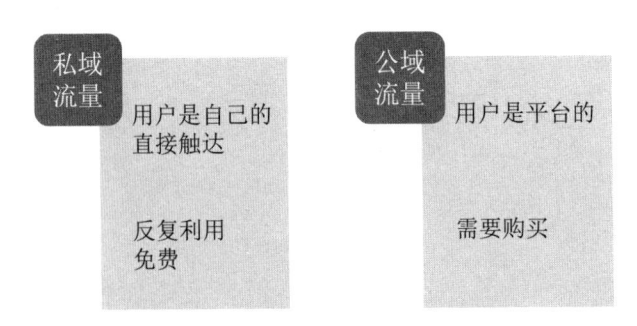

私域流量	公域流量
用户是自己的 直接触达	用户是平台的
反复利用 免费	需要购买

图1-1 私域流量和公域流量的区别

如果把公域流量比作是大海，那么私域流量就是自家建的鱼塘。当在大海里捞鱼的成本越来越高，捞到的鱼却越来越少时，有人便思考为什么不自己建一个鱼塘，自己养鱼？这样捞鱼更容易，而且捞鱼的成本也低了。这个鱼塘就是私域流量。

如果用一句话来概括私域流量和公域流量的区别，那就是：私域流量的用户属于个体，公域流量的用户属于平台。

■ 私域流量的用户类型

根据运营者和用户之间的关系程度不同，私域流量的用户类型可分为四种，如图1-2所示。

图1-2 私域流量的用户类型

■ 粉丝

多指微信公众号、微博、今日头条、抖音、快手等社交媒体上的账号粉丝。

粉丝型私域流量，运营者与用户之间的关系最浅。因为用户是单向接受信息，靠的是运营者通过分析用户需求和喜好，来吸引和维护用户留存。

■ 社群

运营者通过某种方式将具有相同兴趣、目的的用户，聚集在QQ群、微信群上的社群成员。

社群型私域流量比粉丝型私域流量的层次深一些。其用户接收的信息是多样的，运营者会发起群活动、群讨论等，二者接触的机会比较多，因此信任度和转化率要比粉丝型私域流量高。

■ 好友

主要指社交账号如微信和QQ好友，类似于以前的通讯录。QQ和微信作为目前最流行的即时通讯工具，大多数人的社交关系都在上面维系着。好友型私域流量，运营者与用户之间的关系就像朋友，信任度最高，转化效果也最好。

■ CRM系统

CRM系统私域流量比好友型私域流量的信任更深一层，是最深层次的私域流量。决定用户下单的关键因素不仅仅是信任，还包括关系管理的强度。在运营中，随着客户不断增多，运营者可以收集用户登录、浏览、付费等行为数据。然后，进行分类整理，根据不同的客户提供不同的服务方案。做到个性化运营，以便加强与用户之间的关系强度。

我们在逛家具店时，经常会遇到销售员提出要你添加企业微信的要求。这是因为，如果是销售人员的个人号添加客户微信，最后只会形成客户与销售人员个人间的互动。销售人员离职后，企业就会面临失去这个客户的风险。

但是，如果客户添加的是企业微信，同时企业微信与CRM系统打通，双方在微信上的交流信息就可以直接沉淀在CRM系统中，方便企业根据交流内容细分用户标签，提供精细化服务。

二、私域流量池的概念

流量池是蓄积流量的容器，目的是防止有效流量流走。

■ 私域流量池和公域流量池的区别

公域流量池就是蓄积公域流量的容器，也叫公域流量平台。这些平台具体如图1-3所示。

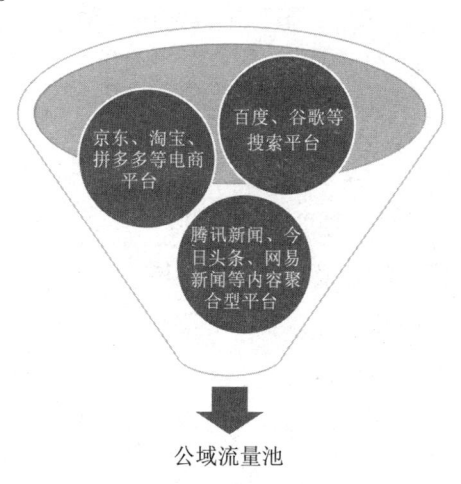

图1-3 公域流量平台

私域流量池就是蓄积私域流量的容器，也被称为私域流量载体。私域流量最常用的载体如图1-4所示。

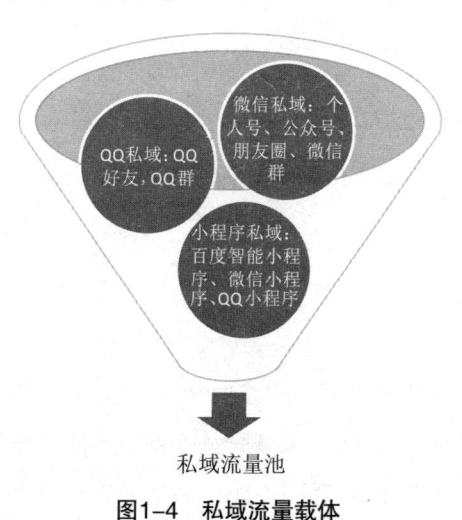

图1-4 私域流量载体

■ 最有价值的私域流量池

最有价值的私域流量池是社群。最为常用的社群工具是微信群，此外，还有QQ群、钉钉群等等。但并不是随便一个微信群、QQ群、钉钉群就叫社群。

社群需要社交关系链，不单单是将一群人拉入一个群中，而是基于某种需求或者爱好，将很多人聚在一起。社群具有稳定的群体结构和一致的群体意识，成员之间有持续性的互动关系。

那么，为什么说社群是最有价值的私域流量池？因为社群把客户变成了粉丝，重塑了与用户之间的关系。社群的优势有四点：

1. 减轻压力，易于交流：社群是很多人因为相同的需求和爱好聚集到一起组建的，群内成员交流的心理负担较轻，与点对点沟通相比社交压力小很多。

2. 互动交流，增加信任：社群的存在能够增加用户与运营者之间的互动量。就像生活中我们找某个朋友交流，也会在群里喊话，这种半开放式的交流方式能够让其他成员自由参与，触发更多的话题。同时，半开放式的交流使服务透明化，能够被所有人看见，这能在无形中增加其他人的信任度。

3. 制造群体压力，提高转化：传统的销售模式只是单纯的购物模式，与用户之间的信任搭建是一个漫长的过程，而社群本就是建立在社交模式之上，双方已经初步具备信任，如果对产品产生需求，就完成了转化。同时，社群成员之间会产生一定的群体压力，即跟风消费，促进购买行为的产生。

4. 了解需求，延伸价值：很多时候，当你对社群中的成员进行深入沟通并了解需求之后，你会发现根据群成员的不同需求，还能够开发其他服务，或引出另一个目标社群。比如，一个宝妈的社群，建立的初衷是销售与婴儿相关产品或服务，与群内成员沟通之后，又可以为暂时辞职在家带娃的宝妈提供兼职，又或者开发宝妈们爱吃的水果等服务。

未来，不管你是大企业还是小公司，也不管你是个人创业者还是社群运营者，社群私域流量都是最核心的竞争力。

三、私域流量的五个认知误区

虽然私域流量火了，但很多人对它的认知仍然存在误区。

■ 误区一：私域流量就是微信

自从"私域流量"概念火了之后，微信就成了"私域流量"的代名词。以至于很多人误把私域流量等同于微信，认为运营私域流量就是注册个微信号，发发朋友圈，或者建个微信群，发发广告。事实上，微信只不过是私域流量众多载体中的一个。

造成这一认知误区的是由于微信上的活跃用户人数庞大，再加上用户黏性较高，而且不管是社交、娱乐还是支付，微信平台都可以完成。这使得微信成为私域流量运营的第一大阵地。

■ 误区二：私域流量运营不需要成本

和公域流量掏钱买流量相比，很多人就觉得运营私域流量几乎没有成本，这也是认识上的一个误区。

私域流量运营，也是需要成本的，包括时间成本、人力成本等。企业在做私域流量时，也是要预估下"启动成本"的。只是这些成本，相对其他获客成本来说，还是比较便宜的。

■ **误区三：做私域流量就不再需要公域流量**

如果一个新品牌开了一家新店，每天有20多单，想要通过私域流量获得快速增长，可行吗？答案是否定的。

私域流量的增长是沉淀老用户，提高复购率。如果新品牌连用户都没有，谈何老用户经营呢？

也就是说，运营私域流量，并不意味着就要放弃公域流量拉新。尤其是新品牌，投广告、做宣传，这些都是必要的。同时，再运营好私域流量，不断积累老客户。

公域流量和私域流量并不是二选一的题目，它们互为硬币的两面，在不同维度上助力增长模式。

■ **误区四：私域流量拉的人越多越好**

如果你想要通过利益，把所有人都装到自己的私域流量池里，那就大错特错了。

私域流量的运营本身就意味着精细化运营，这意味着不能为了数量不断吸粉，人数的质量要比数量更重要。从一开始就要去吸引那些对自己产品有兴趣、有需求的人，而不需要刻意去吸引"羊毛党"，或低认同感的用户。而且，即便这些人都是潜在客户，也一定要记住80%的收益是由20%的客户创造的。

这就像交朋友，与其到处撒网笼络泛泛之交，不如深耕和认可你、愿意主动靠近你、看中你长期价值的用户的关系。

■ **误区五：私域流量马上就能转化**

当大家一窝蜂去运营私域流量时，最关注的就是转化时间了。多数人希望一针起效，立马就能看到增长。

但私域流量也是需要长期运营的，要把用户运作起来，至少需要3~5个月的时间。比如韩都衣舍在做个人微信号的时候，并不关注转化率，而是认真做好产品，做足信任感。在经历过"种草""长草""拔草"这个过程后，时间一到，转化就是水到渠成的事。

四、为什么要做私域流量

私域流量一经推出就受到商家和企业的热烈追捧。那么为什么要做私域流量，或者说做私域流量有哪些优势呢？

■ 成本优势

有调查显示，微信群、微信公众号、订阅号是比较受偏爱的私域载体。虽然运营私域流量并不是没有成本，但相对公域流量来讲，有很大的成本优势。

在公域流量市场，越是头部的流量媒体，竞争越激烈，价格越高。相比较而言，私域流量运营的成本要小得多，甚至可以忽略不计。

以微信为例，微信因为用户最多，而且几乎每天都会被打开使用，这就意味着不用花钱就能让用户看到产品信息，营销成本的回报率非常高。

比如，一家美容院，不花一分钱，只用微信推广，开业大酬宾活动，现场充值200万元；某化妆品代理商出售粉底液，不靠付费推广，只用微信传播，30天回款近1000万元；一家英语教育集团依靠微信引流，成功吸引了几十万家长，每个月的营业额都超过了100万元。

而在淘宝等公域流量里，想让用户看到产品不仅要花费一笔资金，才能将商品挂到首页上，而且用户未必每天打开淘宝页面，就算打开淘宝也未必能在琳琅满目的产品里看到你的产品，所以营销费用的回报率较低。

淘宝上有一个卖化妆品的小店铺，由于规模较小，买家不多，而推广费用又在逐渐上涨，经营状况很惨淡。这家店铺也尝试过高价推广策略，但是吸引来的用户不稳定，不能长期消费。

后来，店主看到了微信的营销价值，开通了服务号和个人号，在服务号里展示、销售化妆品。他们在前期主要是用个人号加好友，加好友时说明微信里有优惠活动，甚至给新用户发红包。同时，他们还和普通人一样，每天在朋友圈发生活感悟、生活照等，但是不发广告。为了维护客户关系，他们还会主动给客户点赞、评论，客户对商家的评论必然回复，有时还会私聊一会儿。

等到时机成熟，店主开始发布广告时，微信里的好友都非常热情，他们的购买积极性非常高，营业额空前提高。这让店主意识到微信的推广能力非同一般，后来店主的微信号增加到了几十个，一年的销售额大大提升，不仅节省了营销成本，还有了固定消费者，生意是越做越大。

个体力量崛起后，每个人都具备了流量的传播力。以前拼的是员工、渠道伙伴、加盟商，如今"家里有矿"的脱颖而出。不要小看这些规模也许并不宏大的私域流量池，由于可以多次免费触达，引发多次复购，而且还可以进行多元化营销，营销回报率可想而知。所以，一些品牌在构建私域流量的路上不断尝试，比如微博推出了铁粉标识，以增加粉丝的黏性。

另外，根据2019年第一季度的财报显示，阿里巴巴营收和利润未达预期，腾讯的营收速度放缓，"流量大户"百度更是出现了14年来的首次亏损，广告收入持续下降。这说明流量主打基础模式正在被削弱。

在这种背景下，流量平台需要找到转型方向，打通另一个流量通道。私域流量便捷、低成本，却有更高的用户长期价值、更广的用户自传播，必定是商家的不二选择。

■ 信任优势

如果用户对卖家没有信任，商家将不得不面对这样的事实：

花了大把的钱打广告，结果没人上门，营业额还不足以抵消广告费，公司面临倒闭；派了几个人发传单、地推，结果人们不理不睬，一天都没拉来一个客户；给用户打电话，一天下来打了几百个电话，没有一个用户愿意接受企业的产品。

即使在公域流量里，信任也非常重要，好多商家的广告都打了水漂，就是因为用户不信任他们的产品。但私域流量则具有超强的信任优势，或者说私域流量的底层逻辑就是信任。那么，这些信任是怎么产生的呢？

基于关系产生的信任。你的私域流量就在你的朋友圈、微信群、微博、微信公众号里等，这些平台本身主打大社交关系。比如，微信主打熟人社交，微博主打陌生人社交。你的微信里可以加到5000个好友，微博没有对关注人数和粉丝数设限，还有促进用户拓展社交的推荐机制等。

这些人都和你有强弱不同的社交关系，自然对你有着一定的信任基础。比如，私域流量的关注者多半与流量主具有信任关系，而且留存的时间越长，这种信任就越牢靠。即便被反复推荐商品，也不会屏蔽取消。

朋友圈的熟人社交优势更为明显，更有可能成为一种稳定的商业模式。买东西总是要付费的，付给熟人总比陌生人靠谱。而且我们总是以为因为熟人关系，买到的东西自然会更便宜，更可靠。所以熟人经济的复购率高，口碑传播快，是典型的靠信任支撑的交易。这种天然的信任优势在公域流量是不存在的。

基于共同点产生的信任。古人说："酒逢知己千杯少，话不投机半句多"因为同样的爱好、经历聚集起来的人群，具有更强的信任度。这一点体现在私域流量的社群里。

信任度最高的社群是QQ生态链，即QQ公众号+QQ个人号+QQ群。QQ公众号负责思维、价值的分享，个人号负责信任建立和个性化沟通，群则负责提炼核心价值用户。

运营得好的社群是"微信公众号+个人微信号+群",各自的功能作用和QQ生态链相似。这三者之间的关系捋得越顺,成员的信任度就越高。

基于信任度产生的信任。信任度通常是在实践中积累起来的。比如,同事向你借200元钱,说好一周还你,到了第七天就给你转账了,同时还给你买了一杯咖啡表示感谢。如有五次,同事不仅按时归还了借你的钱,每次都用不同的方式向你表达感谢,当他第六次向你借钱,哪怕借钱的额度明显高于前几次,你也会选择信任他,相信他会像以前一样按时还你。

在人际关系中,践行诺言积累信任。在私域流量中,信任在交易中产生。比如,某宝妈在你的私域流量池里停留了一个多月,她只要下了第一单,感觉品质、服务都不错,就有可能会下第二、第三单。而且基于累积的信任,对于你新推的产品,她也会尝试。这就是信任的力量。

在公域流量里,传统广告的模式建立信任的成本高昂,而私域流量不仅具有天然的信任优势,且更容易与用户通过沟通建立信任关系。

■ 黏性优势

在私域流量池中,用户的黏性非常好。用户黏性,是指通过分析用户对产品的体验感和信任度,得出用户对产品的依赖程度和再消费期望程度。

例如,小区附近开了一家早餐店,且只有这么一家。即使包子的味道并不好,但是小区居民别无选择,只能在这里购买。我们就可以说,早餐店的客户黏性很强。

私域流量池中的用户,同样是这个道理。私域流量池本质上是一个闭环,用户进入后,接收的信息都来自运营者,用户并没有其他选择。从而,让用户对社群产生极强的黏性。

■ 忠诚度优势

私域流量池中的用户，忠诚度很高。用户忠诚度，是指对产品的感情程度。产品的质量、价格、服务等因素会影响用户，让用户对产品产生感情。当用户对某一产品形成偏爱后，就会长期购买该产品。

还以早餐店为例，当小区附近只有一家早餐店时，即使味道不好，小区居民别无选择，因此黏性高。但是，若此时隔壁出现了一家新的早餐店，价格便宜味道好，上一家早餐店的用户一定会流失很多。

在没有竞争的情况下，用户黏性高，忠诚度也会高。当出现竞争对手后，用户的忠诚度会瞬间降低。

在私域流量池中，运营者会十分关注用户的感受，及时解决用户的问题，为用户营造良好的购物体验，使得忠诚度不断提高。

■ 品牌塑造优势

私域流量池中的流量，就是企业的潜在客户。运营私域流量池，可以激励用户参与品牌发展，更快地塑造出品牌形象。一般而言，运营私域流量，对于用户有两个作用：

一、让用户更加近距离地感受企业服务。在运营私域流量的过程中，企业可以引导用户参与品牌发展的规划，让用户在对产品、服务、营销不断宣传的过程中，对产品产生强烈的归属感和认同感，促使用户的忠诚度不断提高，从而让用户对品牌产生类似责任感的情怀。

例如，很多企业在设计某个产品时，会线上邀请用户参与产品的设计提议，并在这个过程中不断向用户反馈采用和修改意见，激发用户在品牌内的荣誉感。当用户有需求时，会第一时间购买此产品。

二、通过与老用户的交互，增强新用户对品牌的认可。新用户可以从老用户的反馈和评价中，加深对产品的了解，有助于用户更深刻地了解品牌形象。

例如，小米公司为了运营私域流量和增加用户的黏性，建立了小米论坛，方便所有米粉交流、了解小米产品新动态和参与活动互动等。比如，有一个用户想要购买某款小米手机，便可以上小米论坛上了解此款手机的详细信息和已购买用户对此款手机的评价，从而决定是否购买产品。

对于新用户而言，老用户的口碑往往比官方更值得信任，更容易让用户对品牌形成认可。

■ 抗风险优势

与公域流量不同，私域流量是属于企业和商家的私人流量，其抗风险能力会提高很多，表现在下面三个方面：

1. 降低市场风险

私域流量的长尾效应可孕育新商机。商业和文化的未来不在热门产品，不在传统需求曲线的头部，而在于需求曲线中那条无穷长的尾巴。人们的需求多集中在头部，我们称之为流行，但是分布在尾部的需求，则是个性化需求。而将所有尾部的市场需求累加起来，将会形成一个比流行市场还大的市场。

私域流量的出现，恰好符合了长尾效应。尤其是2020年伊始，由于受到疫情的影响，使得许多行业遭受重创。

然而，由于私域流量的存在，线上教育、新零售、线上医疗等以互联网为主的线上消费市场非但没有受疫情影响，反而得到了飞速的发展。这几种行业在疫情中的表现，引发了许多企业对线下实体模式的思考。在营销过程中，企业不能只依靠传统模式来获客获利，过于依赖线下流量，没有自己私域流量池的结果，就是抗风险能力低。一旦遇到突发情况，就会遭受重创，严重的甚至会直接破产。

因此，企业需要提高自己的风险意识，在平时就做好私域流量储备，不断提高自己的抗风险能力。

2. 规避平台风险

开发私域流量，商家并不需要依靠如淘宝、京东等公有流量平台。所以，除非违规被微信平台屏蔽，否则可以规避掉很多平台风险。

例如，一个坐拥两百万微信粉丝的某个小程序，被外界质疑抄袭，却仍然生存得非常好。这就是因为，它的粉丝非常忠实，即使失去了各大资讯平台的公域流量，私域流量池依然不会崩溃。这个例子充分说明了私域流量的优势，如果企业和商家拥有了大量的私域流量资源，那就拥有了非常强的抗风险能力。

3. 降低营销风险

私域流量池可以随时反映用户数据，方便商家刻画用户画像。然后，商家可以根据用户画像，调整营销产品和营销策略。

例如，最近几年盛行的奶茶品牌"喜茶"，就上线了自己的小程序，用户可以在小程序中进行下单、评价等。商家便可以通过小程序来刻画用户数据画像，从而判断客流区域、客户数量、消费层次等。拥有了自己的私域流量后，喜茶在每一个新店开张前，就可以根据用户画像精准地判断盈利状况。除此之外，喜茶还可以根据数据来判断用户的喜好，不断开发更多新品，满足用户更多的需求，避免被用户淘汰。

第二章

从0到1搭建私域流量

一、你的产品适合私域流量吗？

私域流量越来越火，很多人就跟风扎进了私域流量的搭建之中，却忽略了并不是所有的产品都适合做私域流量。

■ 不适合私域流量的产品

私域流量"带不动"的产品一般包括三种：

1. 复购率低的产品

低复购率产品指的是用户没有频繁购买需求的产品。比如婴儿车等类似属性的终身性产品。一般来说，一个孩子在成长过程中只需要一辆婴儿车，在有质量保障的前提下，用户短时间内不会再产生此类的需求。还有类似家装建材类的产品，对普通人而言，不断翻新房屋的概率很低，一次购买后短期内基本上也不会再产生相应的需求。

2. 关注价值低的产品

缺乏令人关注的焦点，而用户也不愿浪费时间关注的产品就属于关注价值低的产品，比如，孩子的玩具。对玩具产生购买需求的人是孩子，但他们只能对此类产品感兴趣而不会去关注，而负责购买的父母长辈则对此类产品没有兴趣。

3. 随意性强的产品

有一些产品本身消费频率虽然很高，但用户并不会从始至终只使用一个品牌的产品，比如，牙刷、垃圾袋、毛巾等价值低廉的日常用品。虽然用户的购买频率高，但用户习惯随意购买，导致了此类产品的低复购率。

■ 适合私域流量的产品

适合私域流量的产品一般包括四种：

1. 高客单价

所谓客单价，是指店铺每一个顾客平均购买商品的金额，即平均交易金额。从字面意思和其定义来看，高价产品就是高客单价产品。每个行业都有高客单价产品，比较普遍的高客单价类目有家具、家电、汽车、珠宝首饰、乐器、手机数码、奢侈品等。

客单价越高利润越可观，相对于低客单价产品售出的单量来算，运营这一类产品的工作量显然要少很多，比较适合私域流量。

2. 高话题性

具有话题性的产品具备了功能价值和情感价值两方面的延伸性。比如，保险类产品，由于信息容量大、专业度高，具有极强的功能价值延伸性。而育儿类产品，除了功能价值的话题外，还具备很高的情感价值，比如育儿知识分享等情感交流价值。

产品的话题性需要功能价值与情感价值相结合，我们需要用户参与进来，才能与私域流量池的产品和其他用户产生联系，才能通过用户行为理解用户。

3. 长服务期

构建私域流量池，需要和用户建立长期的交互，因此比较适合服务期长的品类。比如保险，用户从了解到决策可能需要好几个月，期间会有多次沟通。用户购买后，还需要做售后服务，甚至是终身服务。

4. 信息不对称性

信息不对称指的是用户购买具有指导需求的产品，就需要一个内容指导服务。

这个信息不对称也可能是人为制造出来的，现在很多商家为了增加私域流量，产品中不携带使用说明书。比如淘宝中很多DIY的产品，需要用户添加设计师微信之后，商家再发送电子版说明书给用户，这就是利用了信息不对称来留住用户。

二、选择私域流量的最佳载体

私域流量的载体有很多，不同的平台有不同的优点和缺点。选择时，应根据自己构建私域流量的目的、产品的特性、用户类型等，选择合适的平台进行建设。下面，我们来看看不同私域流量载体的优点和缺点。

■ 微信平台

微信平台作为私域流量载体的优缺点，如图2-1所示。

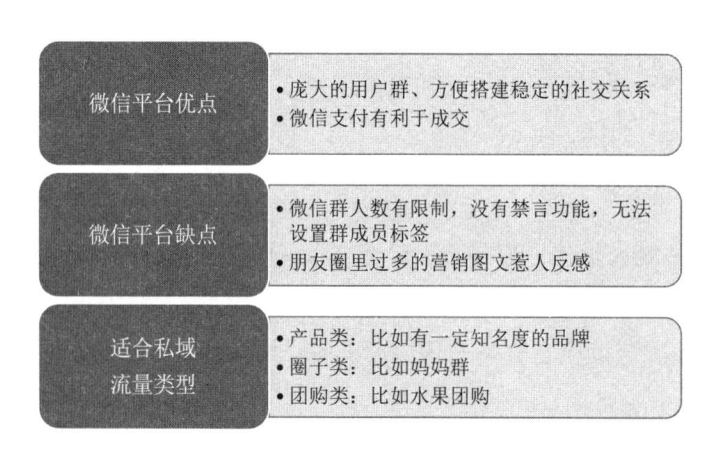

微信平台优点	• 庞大的用户群、方便搭建稳定的社交关系 • 微信支付有利于成交
微信平台缺点	• 微信群人数有限制，没有禁言功能，无法设置群成员标签 • 朋友圈里过多的营销图文惹人反感
适合私域流量类型	• 产品类：比如有一定知名度的品牌 • 圈子类：比如妈妈群 • 团购类：比如水果团购

图2-1 微信平台的优缺点

- QQ平台

QQ平台作为私域流量载体的优缺点，如图2-2所示。

QQ平台优点
- 庞大用户基数
- 功能丰富，包括即时聊天、签到、群论坛、群公告、群直播等
- 显示成员在线与否
- 玩法多，匿名、"@"、禁言、改名等

QQ平台缺点
- 广告多
- 相对封闭

适合私域流量类型
- 适合所有类型的私域流量

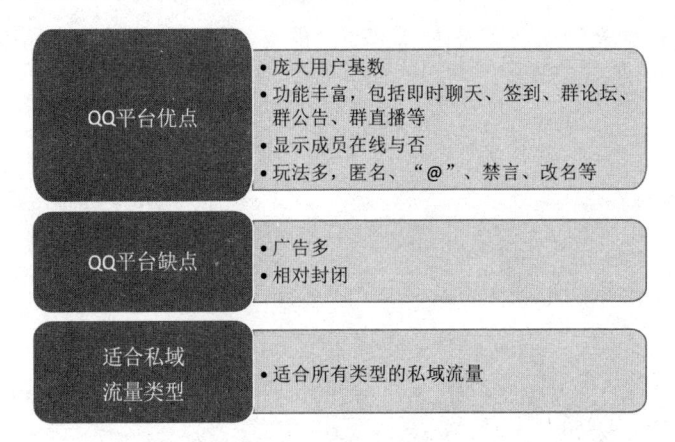

图2-2　QQ平台的优缺点

下面，我们再来看看QQ群和微信群的详细对比，如图2-3所示。

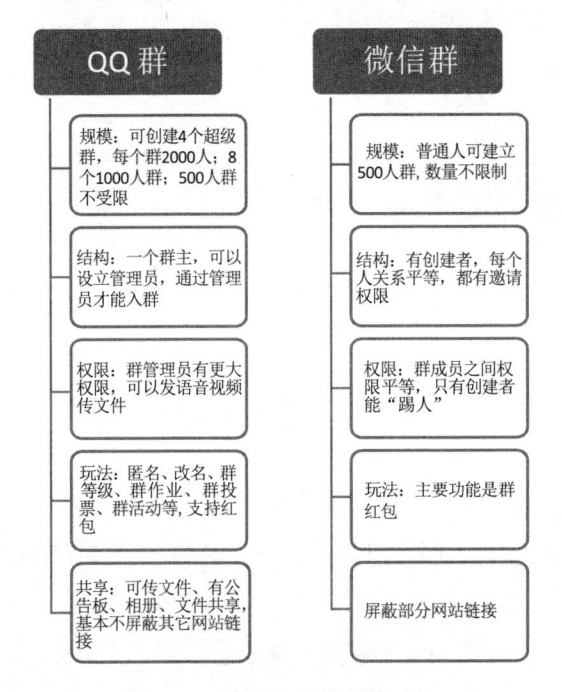

QQ群

规模：可创建4个超级群，每个群2000人；8个1000人群；500人群不受限

结构：一个群主，可以设立管理员，通过管理员才能入群

权限：群管理员有更大权限，可以发语音视频传文件

玩法：匿名、改名、群等级、群作业、群投票、群活动等，支持红包

共享：可传文件、有公告板、相册、文件共享，基本不屏蔽其它网站链接

微信群

规模：普通人可建立500人群，数量不限制

结构：有创建者，每个人关系平等，都有邀请权限

权限：群成员之间权限平等，只有创建者能"踢人"

玩法：主要功能是群红包

屏蔽部分网站链接

图2-3　QQ群与微信群的对比

可见，从功能上和操作上，QQ群明显优于微信群。那么，一定要用QQ群吗？也不一定。

如果构建的私域流量面对的是学生这样的低龄群体，可以优先选择QQ群。如果对平台的功能要求不高，面向的又是职场上的高龄群体，那么可以优先选择微信群。

■ 百度平台

百度平台作为私域流量的载体，其优缺点如图2-4所示。

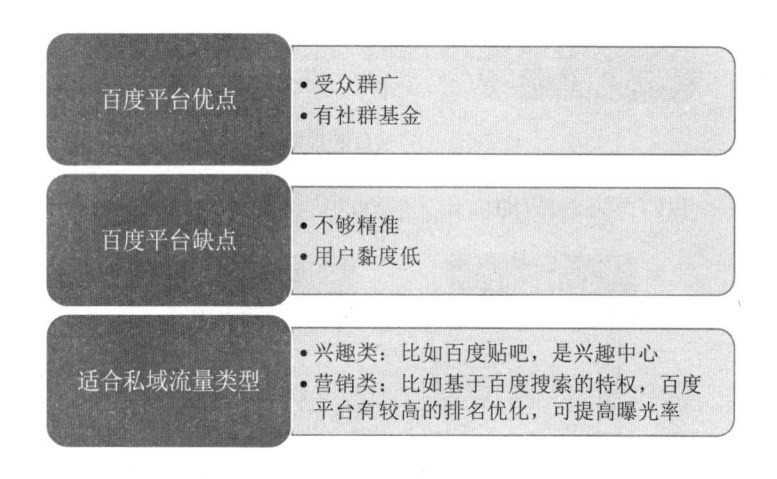

百度平台优点	• 受众群广 • 有社群基金
百度平台缺点	• 不够精准 • 用户黏度低
适合私域流量类型	• 兴趣类：比如百度贴吧，是兴趣中心 • 营销类：比如基于百度搜索的特权，百度平台有较高的排名优化，可提高曝光率

图2-4 百度平台的优缺点

■ 微博平台

2009年，新浪推出"新浪微博"内测版，以势如破竹的劲头闯入人们的视野。通过微博，人们可以进行学习、娱乐、了解异国的风土人情、关注各国的时事政治等活动，然后发表自己的意见。微博，本身就是一个综合性的社群网站，是私域流量的常用平台。

下面，我们来具体看一下利用微博进行私域流量运营的优劣，如

图2-5所示。

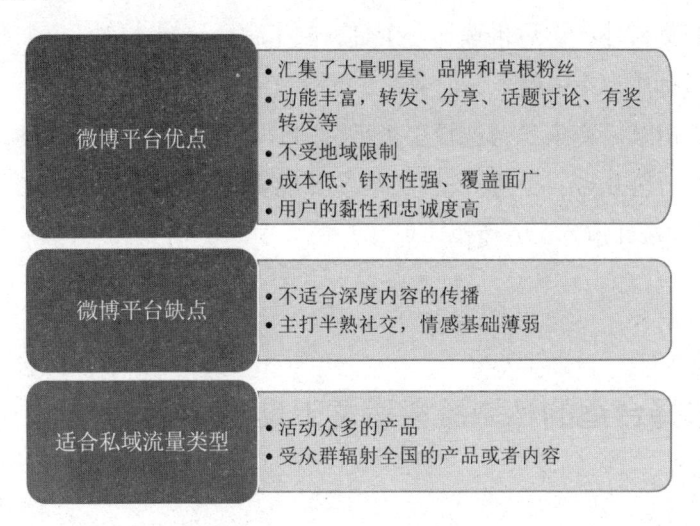

微博平台优点	• 汇集了大量明星、品牌和草根粉丝 • 功能丰富，转发、分享、话题讨论、有奖转发等 • 不受地域限制 • 成本低、针对性强、覆盖面广 • 用户的黏性和忠诚度高
微博平台缺点	• 不适合深度内容的传播 • 主打半熟社交，情感基础薄弱
适合私域流量类型	• 活动众多的产品 • 受众群辐射全国的产品或者内容

图2-5　微博平台优劣

此外，微博平台还有形式多种多样、成本低、针对性强、覆盖面广的优势，用户的黏性和忠诚度非常高。

■ APP平台

APP平台作为私域流量载体的优劣，如图2-6所示。

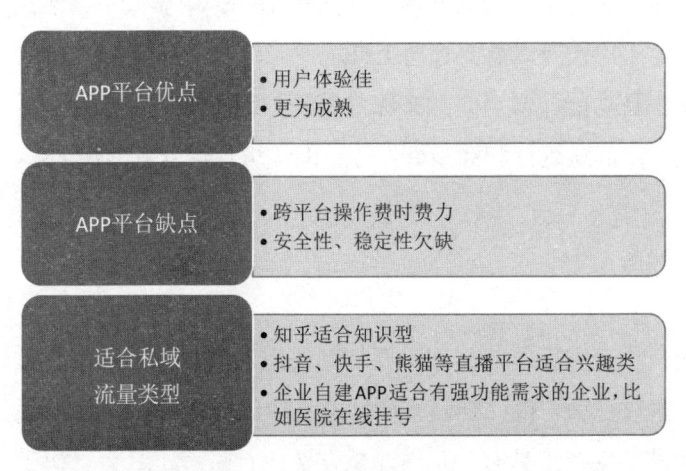

APP平台优点	• 用户体验佳 • 更为成熟
APP平台缺点	• 跨平台操作费时费力 • 安全性、稳定性欠缺
适合私域流量类型	• 知乎适合知识型 • 抖音、快手、熊猫等直播平台适合兴趣类 • 企业自建APP适合有强功能需求的企业，比如医院在线挂号

图2-6　APP平台的优劣

选择哪个社群平台建群都不是绝对的。在创建私域流量之初,应该首先分析目标群体,然后再选择一个合适的平台,这样才能将各个具备链接价值的目标用户集中起来,汇聚到私域流量池中。

很多时候,商家都会选择多个平台同时运营,这时需要注意的是,微信个人号、公众号、微博、知乎等社交平台要全部采用统一的ID、名字、LOGO,打造好矩阵,方便快速提升人气。

三、选择合适的私域流量运营工具

在私域流量运营的过程中,我们要重视运营工具的选择,选择好用且适合自己的一款。

■ 客户管理工具

在私域流量中,常见的客户管理工具有微友助手和小U管家等,运营私域流量时,账号会在短时间内涌入大量用户,单靠人工,无法快速甄别和筛选有效用户,所以需要管理工具。

这些工具功能非常全,如多账号管理、编辑排版、数据分析、机器人自动回复、群活跃统计和标签群发等,能够满足运营者的需求。

■ 引流工具

在用户拉新方面能够起到重要辅助作用的工具包含多个二维码,可以根据扫码次数自动切换二维码、统计渠道转化率、多域名切换、自动验证好友。常见的免费工具有:草料、微友活码;付费工具有:码云、爆汁、进群宝等。

■ 裂变工具

裂变工具有进群宝、推精灵、八爪鱼和任务宝等，这些裂变工具，可以直接对接群二维码，方便用户扫码进群。

以进群宝为例，进群宝无须下载安装任何软件，直接在进群宝官网登录后台即可进行管理，操作步骤如图2-7所示。

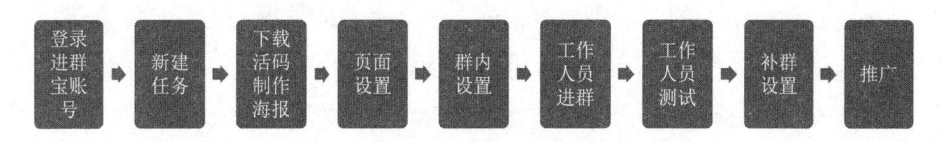

登录进群宝账号 → 新建任务 → 下载活码制作海报 → 页面设置 → 群内设置 → 工作人员进群 → 工作人员测试 → 补群设置 → 推广

图2-7 进群宝操作步骤

具体操作流程如下：

第一步：登录账号。在电脑端登录进群宝账号，进入后台。

第二步：点击"任务列表"。在页面右上角找到"新建任务"按钮，点击，填写群名称、群标签、群编号、群主昵称、机器人昵称等内容。填写结束后，点击"确认"按钮。

注意一旦任务设置完成，就无法再次更改。运营者在点击"确认"按钮前，可以进行任务测试，确认各项信息填写和任务运行无误后，再点击"确定"按钮，完成任务裂变的创建。

第三步：下载活码制作海报。在"任务列表"找到"任务活码"选项，右键点击"二维码"即可下载。活码下载后，可以放到裂变海报、微信群中，用户扫描二维码，即可进群。

第四步：页面设置。点击任务列表下的设置，再点击设置下的页面设置，进入页面设置界面，对于用户扫描活码到进群的中间页面进行设置，可展示创建人信息、头图、入群人数、群介绍、群标签、入群信息等内容。

第五步：群内设置。依次点击"任务列表""设置""群内设置"选项，根据要求设置入群话术、验证审核话术、踢人规则等。

第六步：工作人员进群。群建好后，工作人员需尽快进群，以辅助进行群管理。通过"我要入群"按钮进入群聊的前三个人会自动被设置为管理员，也可以通过扫描群二维码或者通过"我要入群"按钮进入群聊，在群成员列表找到相应微信昵称，点击设为管理员。

第七步：工作人员测试。群建好后并设置好管理员之后，工作人员需尽快进群以测试相关流程，以检查相关设置是否有误，及时发现问题、解决问题。测试主要问题包括但不限于：相关话术是否推送正常、踢人设置是否正常、海报上的二维码是否正确、中间页面的设置是否符合需要等，以避免正式裂变过程中出现相关问题，影响裂变。

第八步：补群设置。为保证裂变过程中有足够的群来保证裂变，不出现裂变活动中断的情况，请预估自己的活动流量，使用"手动补群"一次性补充相应数量的群，或者使用"自动补群"，在活动过程中及时补群。

依次点击"任务列表""群列表""设置"，即可选择"自动补群"或"手动补群"，进入相应设置。

第九步：推广。设置完成后，就可以进行推广，由种子用户启动，裂变带来更多用户。用户参与流程如图2-8所示。

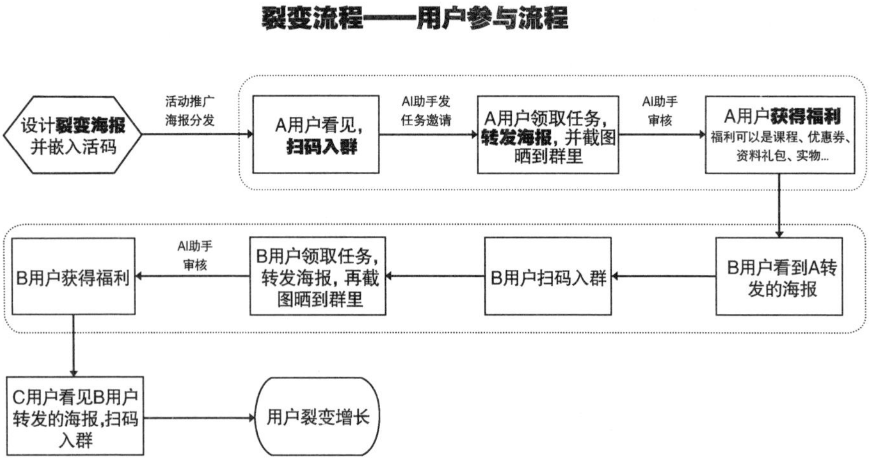

裂变流程——用户参与流程

图2-8 裂变用户参与流程图

- 数据分析工具

　　数据分析，可以帮助企业和商家更好地运营私域流量，找到精准目标用户。常见的数据分析工具有"图图转"和"海豹裂变"。

　　图图转：一个微信服务号，用户可以直接在微信搜索，能够帮助运营者分析文章的各项数据。例如，运营者通过图图转创作了一篇文章，将链接分享出现，就可以通过图图转查看阅读人数、阅读用户和阅读时间。这些数据，可以帮助运营者分析用户喜好，创作出用户喜欢的文章。

　　海豹裂变：一个小程序，可以为运营者提供数据追踪、分析等服务。明确的数据，可以让营销效果变得一目了然，让运营者明白问题出在了哪里，该如何解决。

四、寻找精准种子用户

　　私域，就是一个私密的小众圈子。如果你没有划分定位，而是将目标范围撒向广大的市场，成功的机会就会很渺茫。而种子用户找得越精准，维护得越好，它就可以越快速地帮助我们铺开市场。

- 如何获取种子用户

　　寻找种子用户一般有三个方法：

　　1. 目标鱼塘捞鱼法

　　在未建立自己的"鱼塘"之前，可以先通过各种渠道进入已经做好的"鱼塘"，与别人换群、混群、要群。一方面学习领域大佬的优点，为自己后期建立"鱼塘"做分享留出人脉资源。另一方面学习他人的运营经验，同时将"鱼塘"中的用户与自己产生连接，寻找符合自己要求的种子用户。比如，在论坛中，找到与产品属性相对应的版块，每天签到，多发帖回帖，与版主搞好关系，争取获得一个置顶推荐；在社交群中，保持活跃度，每天露脸帮助别人解决问题，在言语中时常透露自己是做什么的，然后与群主搞好关系，争取一次正式推荐。

2. 意见领袖聚拢法

对于重视产品氛围的产品而言，种子用户的质量要求非常之高，因为他们会影响到后续产品的走向。所以要选择最符合产品种子用户标准的人，就像知乎，早期就是直接邀请了一群科技圈的朋友。当你没有势能和影响力的时候，可以邀请朋友的朋友、与产品行业相关的人进来撑场面，然后再慢慢分享内容以吸引用户。

一切的名人聚拢效应一定要建立在意见领袖与产品行业相关的基础上。以大咖在行业里的威信为背景，振臂一呼，就能得到很多用户的响应。

还有一种意见领袖是大众意见领袖。比如老年人产品，广场舞组织大妈就是需要我们攻克的点，然后让她们去影响更多的人。其实说到底，都是利用其在大圈或小圈内的影响力。

3. 相关场景筛选法

找到目标特定人群聚集的地方，线上、线下均可。如果需要有学习需求的用户，可以从豆瓣学习小组以及相应的论坛、贴吧寻找。主要观察微博大V评论区的内容，以及优质评论、知乎的相关话题，针对所需用户，锁定相应的场景。

线下场景一般出现在餐饮、药房、培训机构等地。这类流量是最精准的种子用户群体，想办法留住这些用户，从线下转到线上，然后通过建立感情连接，发展成自己的种子用户。

■ 如何筛选种子用户

不是所有初期获得的用户都是精准的，运营者在选择种子用户时，要讲究少而精，进行精挑细选。我们以社群为例，来看如何选择精准种子用户。

运营者在筛选种子用户时有两种模式：先建群后筛选和先筛选后建群。

先建群后筛选：当运营者不确定自己需要什么样的种子用户时，可以先建立一个微信社群，将好友拉入群中，让大家做自我介绍。然后，根据这些信息判断分析种子用户画像，并与符合者一对一沟通，进行转化。

先筛选后建群：运营者确定自己需要什么样的种子用户后，可以直接发布活动吸引用户加好友，筛选出种子用户。然后建立社群，将种子用户导入社群中。

筛选种子用户时，运营者需要考虑多个因素，如图2-9所示。考虑的因素越全面，筛选出来的种子用户质量越高。

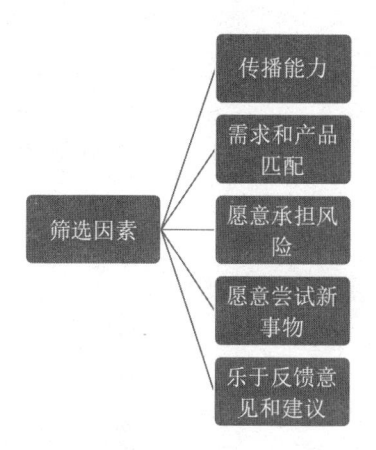

图2-9 种子用户的选择标准

筛选种子用户时，运营者需要选取好友比较多的用户。种子用户的好友越多，传播能力越强。种子用户的空闲时间越多越好，这样他们才会有充足的时间参与社群互动和传播。种子用户对产品的需求越高越好，只有在需求被满足的情况下，他们才会意识到社群的价值，保持高度活跃和黏性。

第三章

私域流量的专属引流方式

一、微信群引流

建了一个微信群,里面静悄悄,怎么引流?微信群引流的方式一般有个人小号引流和群二维码引流两种。

■ 个人小号引流

通过微信个人号给群引流的步骤,如图3-1所示。

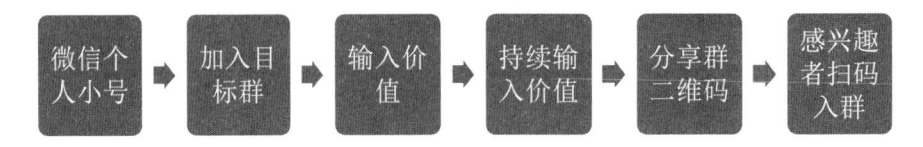

微信个人小号 → 加入目标群 → 输入价值 → 持续输入价值 → 分享群二维码 → 感兴趣者扫码入群

图3-1 微信个人小号引流步骤

利用个人号引流微信群的第一步是加入目标群,这个群人数不一定要达到多少,但一定要保证活跃度。只有活跃度够高,才能获取关注度。

第二步是输入价值,绝对不能表现得太功利,千万不能一进群就直接暴露你的目的,给人的感觉你进来就是为了发广告。要发布一些对群成员有用的信息,经常和群成员就某个话题进行讨论,沟通的过程就是加深感情的过程。

第三步持续输入价值,你会和群里的一部分人建立较好的关系。比如你经常发布化妆小技巧,就会吸引一些对化妆有兴趣的女生,进而和她们建立进一步的关系。持续输入价值,不仅会在群里建立自己的个人形象,而且也是对用户的筛选过程,以便找到精准用户。

等到你在群里有了一定的人气,就可以分享群二维码,把有兴趣的用户引流到自己的私域流量池。

■ 群二维码引流

如何让自己的群二维码被更多精准用户扫描并且加入？群二维码推广引流方式如图3-2所示。

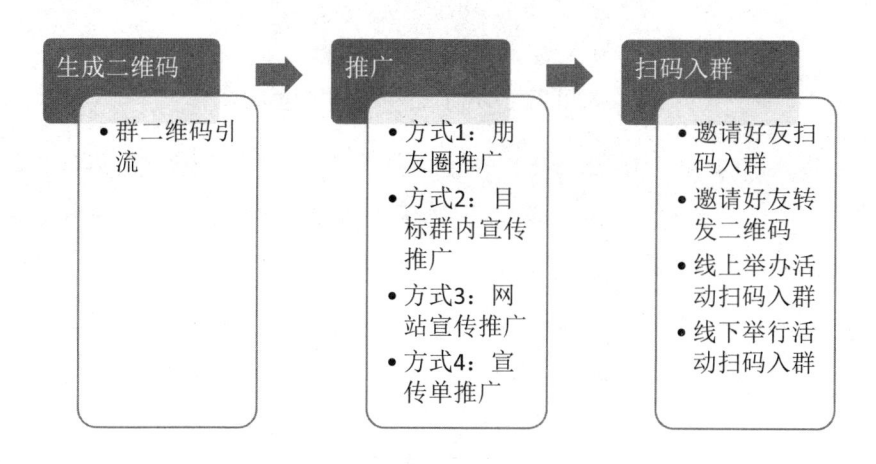

```
生成二维码  →  推广  →  扫码入群
• 群二维码引流    • 方式1：朋友圈推广    • 邀请好友扫码入群
                • 方式2：目标群内宣传推广    • 邀请好友转发二维码
                • 方式3：网站宣传推广    • 线上举办活动扫码入群
                • 方式4：宣传单推广    • 线下举行活动扫码入群
```

图3-2　群二维码引流步骤

群二维码推广引流是利用朋友圈资源推广，即让朋友帮助进行宣传拉人，需要注意的是宣传的时候一定要有利他的成分。哪怕是朋友，也没有人有义务必须帮你免费宣传。

利用二维码进行推广，关键就是要设法让自己店铺的二维码尽可能广泛地传播，让更多用户扫码进入小程序，具体有如下几种方法：

1. 商品粘贴二维码

现在一些服装企业会在自己产品的标签上，印上这款产品的二维码，用户扫描后可以直接跳转到这款服装的网页介绍页，包括设计的灵感、制作流程、走秀效果图等信息。

这样服装商就让每款型号的服装都拥有了自己的故事，让简简单单的布料也拥有了灵魂，用户潜移默化中会认为：自己穿上这件衣服，也是一个有故事的人。如图3-3为品牌"小淘气"吊牌的二维码效果图。

图3-3 "小淘气"吊牌二维码

将这样的思想应用到线下，即运营者可以将自己小程序的二维码打印出来，并粘贴在商品上。这样就可以利用二维码增加产品的价值，提高用户的信任感，激发购买的欲望。

2. 购物清单打印二维码

图3-4是"银座酒家"打印出的附带二维码的消费清单。

图3-4 附二维码的消费清单

3. 开展二维码活动

除了日常在商品和购物清单中打印二维码，线下的运营者还可以将自己小程序的二维码打印在A4纸张或宣传海报上，然后张贴在店铺的显眼位置并引导用户扫码。

同时运营者可以在二维码附近配以各种促销活动进行宣传，如"扫码送优惠券""新用户扫码送大礼""XX购物节扫码全场折扣"等，吸引大量的消费者扫码参与活动，通过这样的流程，将用户群体成功引流到自己的微信小程序中。

利用微信小程序的后台信息，运营者可以追踪、统计用户在活动期间的购买情况，也便于自己进行消费者群体分析，根据得到的购买数据适时调整营销策略。

整个活动过程中，运营者仅通过一次促销活动，便可以在线上收获小程序的使用者，在线下获得销售利润，利用二维码实现"促销+引流"的双重任务。

4. 线上二维码推广

除了上述的几种线下推广方法，如果运营者的店铺不只面对线下用户，那么就需要将营销重点放在线上。

线上二维码的推广方法多种多样，如官方宣传（服务号/简书/微博/官网）、流量分发（抖音/百家号/头条号/大鱼号）、辅助SEO（搜狐号/知乎/360图书馆/博客/百度系列产品）、自建KOL（公众号/小红书）、传统营销（短信/电销/EDM）、广告（百度网盟/行业大V/媒体宣传）等，运营者可根据小程序的特性自由选择。

二维码推广的潜力非常大，它具有的创新性、互动性使传统的广告变得黯淡无光。同时，运营者还可以将二维码融入各种营销活动中，往往只需投入极小的费用，就可以获得巨大的推广效果，具有极高的投资性价比。

Tips：制作微信群智能活码

二维码有静态和动态之分。静态码是指二维码生成之后，不可修改。动态二维码即智能活码，是二维码的一种高级形态，它的二维码图案不变，内容可随时更改。

比如，微信群智能活码，就是说这个二维码是固定的，永久有效的，但在后台它对应了多个群二维码。

具体点说，就是我们在后台上传A、B、C，三个微信群的二维码，活码页面优先展示A群的二维码。设置用户长按或者扫码二维码加入A群，A群满自动切换到B群，B群满自动切换到C群。以此类推，可以在后台上传多个二维码，如图3-5所示。

A群二维码，人满 ➡ B群二维码，人满 ➡ C群二维码，人满

图3-5 微信群智能活码

制作智能活码时，运营者可以借助微信智能活码小程序，直接生成。也可以借助其他软件，如草料二维码生成器，生成自己的智能活码。

二、QQ群引流

很多人觉得QQ群引流已经过时了，执行起来很难。比如，好不容易找到个精准群进去了，但是一发广告就被"踢"了出去，所以QQ群引流越来越被嫌弃，甚至放弃。其实，QQ群还是有优势的，只要找对方法去做。

QQ群引流的步骤如图3-6所示。

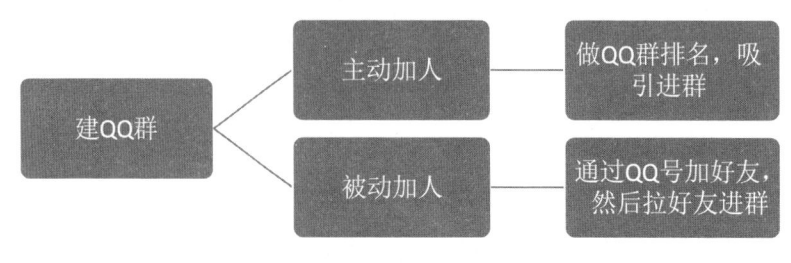

建QQ群 ─┬─ 主动加人 ── 做QQ群排名，吸引进群
         └─ 被动加人 ── 通过QQ号加好友，然后拉好友进群

图3-6 QQ群引流步骤

■ QQ被动加人引流

QQ群要想吸引人加入，最关键的就是做QQ排名引流。

QQ群是有排名规则的，用户可以像在百度搜索信息一样搜索QQ群；同时，QQ群还有一种类似黄页形式的索引列表，可以查找热门的QQ群，手机QQ甚至可以搜索基于地址推荐的身边的群。QQ群的排名越靠前，被搜索和关注的可能性就越大。

影响QQ群排名的因素一般有QQ群的名称、标签、分类、简介、群人数、群活跃度、群等级信用……每个因素都会影响QQ群的排名。

那么，如何优化QQ群排名，让更多的人通过搜索入群呢？

确定群名：可以模仿排名靠前的QQ群名字，尽快获得排名。

关键词：关键词不仅影响着QQ群排名位置，还影响QQ群的整体流量。如果所选择的词不是用户常搜索的，匹配程度不高，肯定没流量，自然也没排名。相反，如果使用那些搜索度高的词，就会更容易被搜索到。

所以，尽量在布局群标签、群介绍，甚至群名上，使用高频词、热词，使位置尽量靠前。

QQ群等级：等级越高对于排名越有优势。QQ群一共分为5个等级，其对应条件如图3-7所示。

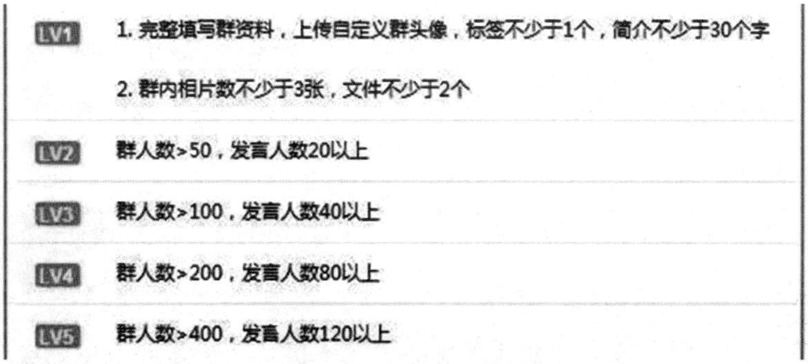

等级	条件
LV1	1. 完整填写群资料，上传自定义群头像，标签不少于1个，简介不少于30个字 2. 群内相片数不少于3张，文件不少于2个
LV2	群人数>50，发言人数20以上
LV3	群人数>100，发言人数40以上
LV4	群人数>200，发言人数80以上
LV5	群人数>400，发言人数120以上

图3-7　QQ群等级

由上图可知，第一级只要完善好资料即可，而第二至五级则需要通过提升活跃度来实现。

QQ群容纳人数：QQ群可容纳的人数依据用户的等级，以及用户是否是会员、超级会员所决定。

■ QQ号主动加人引流

在QQ群建立初期，群里没几个人的时候，是最难引流的。即便是有人搜到群，进去一看，没几个人，也会选择退出去。

这个时候，我们要用QQ号加好友的方式引流。比如要将群设置为：禁止任何人进群。并且附话：进群前，请先加QQ：××××××验证。这样就等于先把人引流到QQ好友里了。

QQ个人号可以主动加好友。比如在百度上找做房产中介的、做保险的。他们作为销售者，同时也是消费者，而且他们把信息放在网上，就是希望被人看到、添加，所以申请添加这些人，通过率会非常高。

在做QQ群引流时，最尴尬的是引流来的是同样的卖家。也就是说，在排名靠前的QQ群里潜伏着大量卖家，大家都抱着引流的目的。这个时候，我们就要换一种思维，去寻找真实的卖家。比如，你是做数码产品的，你要加的目标群体不只是数码爱好者，还可以是车友会群、备考群、高档小区的业主群，这些人不仅乐于接受新事物，也具有一定的购买力，有网上购物的习惯，属于强需求者。在这些群里推广，要比那些目的性很强的行业群、兴趣群效果更好。

即我们在选择目标群体的时候要"对人不对事"。我们选择的关键词并不一定针对我们推广产品的关键词，而是应该针对那些潜在客户的具体特点、兴趣爱好。比如在车友会里卖手机，在小区业主群里卖水果。

总之，只要这些群的成员有购买能力和倾向，就应把他们引流过来，并实现转化。

三、微信个人号引流

一般的个人号引流涨粉很困难，依靠熟人等方式吸引来的用户数量不多，也不够精准，变现效率很低，所以找到正确的引流方式很重要。微信个人号引流一般分为被动引流和主动引流。

主动加好友效率虽然不够高，但优势是具有更强的可控性，可以让引流更精准。主动加好友的方式，如图3-8所示。

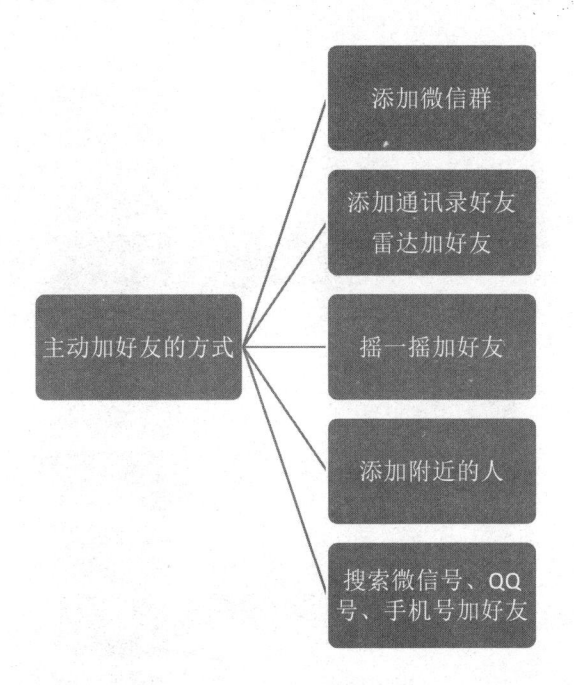

```
                    ┌─ 添加微信群
                    │
                    ├─ 添加通讯录好友
                    │  雷达加好友
                    │
  主动加好友的方式 ──┼─ 摇一摇加好友
                    │
                    ├─ 添加附近的人
                    │
                    └─ 搜索微信号、QQ
                       号、手机号加好友
```

图3-8　加好友的添加方式

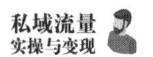

被动引流的路径，如图3-9所示。

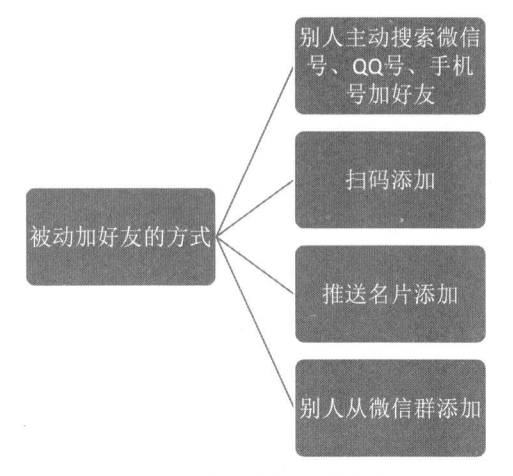

```
                    ┌─ 别人主动搜索微信
                    │   号、QQ号、手机
                    │   号加好友
                    │
                    ├─ 扫码添加
被动加好友的方式 ──┤
                    ├─ 推送名片添加
                    │
                    └─ 别人从微信群添加
```

图3-9 被动加好友的方式

被动加好友靠的是价值吸引，足够的利益和高质量的服务是根本，如图3-10所示。

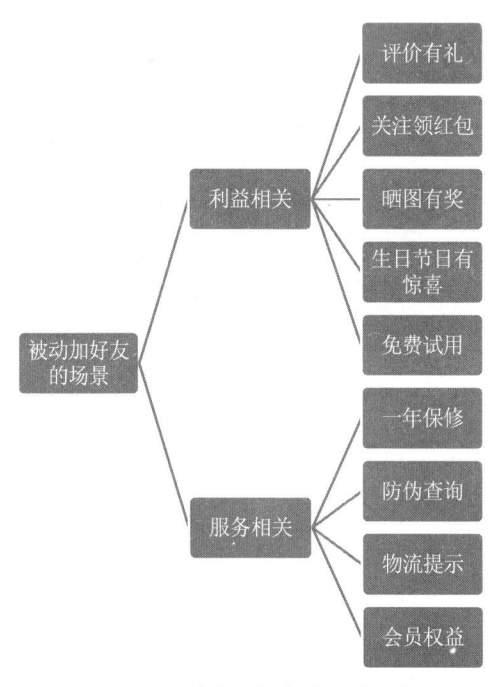

```
                      ┌─ 评价有礼
                      ├─ 关注领红包
            利益相关 ──┼─ 晒图有奖
                      ├─ 生日节日有惊喜
被动加好友 ──┤         └─ 免费试用
   的场景    │
                      ┌─ 一年保修
            服务相关 ──┼─ 防伪查询
                      ├─ 物流提示
                      └─ 会员权益
```

图3-10 被动加好友的场景示意

对被动引流来说，最有效的方式莫过于设置福利，使更多人加入进来。被动加好友推广的渠道比较多，只要有流量的地方就可以去做引流。这里我们介绍两个比较重要的渠道：抖音和淘宝。

■ 把抖音粉丝引流到个人号

抖音是目前整个互联网领域最大的流量聚集地，那么如何把抖音的流量导入到微信个人号，成为自己的私域流量呢？

1. 签名引流

在抖音个人信息的账号签名处放上自己的微信号，如果粉丝有兴趣就会添加自己的微信。但我们需要注意，抖音平台对导流很重视，基本上这种行为会被禁止。我们可以选择一些隐晦的方式，利用谐音使系统检测降低权重，比如微信可以写作"WX""V心""薇芯"等。如果想要增加引流的效果，可以适当添加一些修饰性引导语，比如"针对不同肤质更好的护肤方法，欢迎WX交流"。

2. 私信引流

抖音具备私信功能，你可以通过对关注的粉丝发送私信，达到引流的目的。抖音粉丝的关注，能够凭借产品的属性进行抖音关键词搜索，关注热门抖音视频下的粉丝，发私信引流。效果最好的还是自己的粉丝，凭借自己的文案就能够吸引过来。如下图3-11所示。

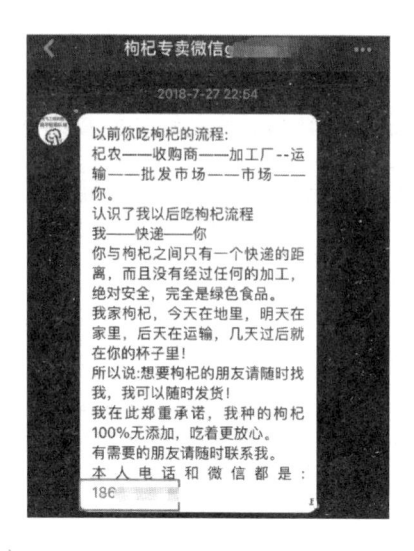

图3-11　私信引流

3. 评论引流

自己视频下方的评论区，基本上都是抖音的精准受众，同时还是活跃用户。你可以先组织好引流的方式，将微信的联系方式不留痕迹地穿插在里面，在自己的视频评论区回复其他人的评论，或者在爆款视频、同行作品下评论，彼此互关引流。如图3-12所示。

图3-12　评论引流

4. 音乐引流

如果背景音乐成为热门，曝光程度也很高，可以将音乐名称改成微信号。抖音导流的方法还有很多，但一定要注意抖音平台关于导流方面的相关规定，千万不要让自己辛苦打造出来的账号被封禁。

■ 将淘宝客户引流到个人号

本身就有淘宝店铺的，一定要把淘宝上的公域流量变成私域流量，然后才能不断地无成本地刺激成员复购。那么，该如何做才能把流经店铺的淘宝流量圈起来呢？

1. 直接好处

在淘宝上完成交易之后，你需要给客户一个加你微信的理由。给予客户直观的好处是最常见的方式，比如，加微信赠送礼品、赠送红包、抽奖等。这些理由可以让你的客户直接获得利益，降低了客户拒绝的可能性。

2. 设计诱惑

你需要设计出能够让客户心动的"诱惑"，当客户看到之后有添加你微信的欲望。比如，当有人私聊客户问能不能送小礼物？能不能包邮？这时你就可以回复：添加客服微信，每周都有超值秒杀活动。或者添加微信后，可以进你的买家群，在与群内客户交流的同时，新品上市能够获得免单的机会等。总之需要让用户产生兴趣，主动添加你的微信。

3. 包裹卡片刮刮乐

大部分淘宝商家都会在客户的包裹中放一张卡片，要求多少字好评，配上图片，然后就可以通过客服领到红包。流程太过繁琐容易让客户产生抵触心理。我们可以将卡片设计成刮刮乐模式，比如，如果你打算返现 5 元红包，你可以设计三种卡片：3 元、2 元、谢谢惠顾。

4. 短信提示

当产品发货时，你可以用短信给客户发送："在吗？您在 某某店内购买的宝贝已经被快递小哥取走，收货时记得拆包验货哦，记得加我微信×××，参与微信专享新品秒杀。"

当客户收到货之后，你可以这样发："亲，收到货了吗？喜欢的话拍一个真人秀发给我，我可以帮忙搭配哦，我的微信是×××。"

如果不喜欢被动，有条件的话，可以主动出击添加用户微信，表示："亲，您在我这买的时候少领了一张 5 元优惠券，现在发红包补给你哦。"

将淘宝客户导入微信只是第一步，我们需要在让这些客户成为好友的同时，以后也能继续在微信中购买产品，所以在运营上一定要用心，不然即使导流成功也产生不了价值。

Tips：被动加好友前的准备

有些人加好友之前没有注意自己的微信形象，别人看到你的微信头像、名字、朋友圈等信息，不知道你是什么人，自然不会轻易通过。所以，加好友前，需要做一些基础准备。

微信图像：微信头像就算不用真人照片，但也不能太随意或不符合大众审美，可以使用与产品相关的图片，比如自己是卖水果的，可以用水果创意图片。

朋友圈：朋友圈是陌生人必然会浏览的区域，所以背景图、个性签名、发布的内容都要保证不会让陌生人厌恶。

背景图虽然是很好的广告位，但不能直接打广告，可以上传创意图片或有情怀的照片；个性签名也不能直接体现出自己是营销号，可以借鉴创意广告；朋友圈内容也不能都是产品广告或者励志语录，陌生人看到这些肯定知道你会刷屏，可以发一些生活照或比较有吸引力的内容，比如你卖美妆产品，就可以发电影明星、美妆达人的照片，或者发布一些让人感觉很有用的东西，比如美妆秘籍、化妆品上的重要信息等，有需要的人发现你的朋友圈可以提供有用信息，必然会主动加你。

四、引流到微信公众号

粉丝量不多，关注量多日不变，惨淡的流量局面如何改变？

■ 知乎引流到公众号

在公众号刚兴起的时候，很多公众号的第一批粉丝就是从知乎上导流过来的。知乎导流是新媒体人都应该用过的策略。那么，现在这个渠道依然可行吗？答案是肯定的。

统计发现，知乎上的活跃用户还有4000多万，这些用户还在继续提问，提问次数超过千万次，而回答次数超一亿次，这些用户还可以继续挖掘。另外，这些用户会搜索知乎上很精准的问题，而这些问题不会过期，所以知乎的点击率、点赞率是持续增长的，这有利于自媒体人获取精准粉丝。

知乎上每个问题的回答都会有排名，排名靠前的会得到大量的赞，而优质的回答会得到很好的曝光，所以热点问题很容易吸引大量用户。知乎作为开放平台，任何用户都可以看到这些优质回答，他们都可以被引流到公众号。

而且知乎不同于其他平台，不会对文章中的广告、二维码等过分干预。这种条件很方便公众号运营者在文章中加入公众号二维码，这就更方便了公众号从知乎导流。

那么，如何从知乎导流到微信公众号呢？

从知乎导流不像在其他平台，不需要暗示用户，由于知乎不限制广告，运营者将导流信息直接呈现给用户即可。

第一，介绍语导流。在知乎用户头像的旁边有昵称和个性签名，个性签名就是介绍自己的一句话，很多运营者将个性签名设置成公众号的ID，这种方式最为简单便捷，因为用户不用看文章就能知道公众号的信息，在看到头像的同时就能看到公众号名字，如果公众号名字正好戳中用户痛点或符合用户需要，用户就会打开微信搜索。

第二，文末信息导流。有些用户在看过文章之后才会喜欢上文章作者，所以文末留下导流信息非常重要。但是文末只留下公众号信息还不够，如果文章不够好，或者没有戳中用户痛点，用户是不会看公众号的，所以需要有导流表达技巧，要利用用户的好奇心导流。

第三，利用好知乎live。知乎live是知乎推出的语音问答产品，用户可以在上面录制音频。在音频的最后，运营者可以让用户关注公众号，这就像是抖音视频最后让用户点赞一样。

■ 快手引流到公众号

只要公众号的粉丝足够多，是可以接广告赚广告费的。创作者可以将快手上的粉丝，引流到公众号上。公众号的粉丝越多，收取的广告费就越高。

例如，有一个微信公众号经常发布一些非常有趣的表情包，拥有3万粉丝。公众号的作者便在快手上发布很多有趣的表情包视频，很多人在评论区问这些表情在哪可以下载。作者便在快手上发布了一个视频，教大家如何通过搜索公众号进行下载。短短一个月，公众号便涨粉十万。

■ 简书引流到公众号

简书是文艺青年的集聚地，为公众号引流，算是比较合适的阵地。

文章写好后，在末尾留下自己的公众号名称、地址链接，或者二维码。比如，可以说："我的公众号×××，欢迎大家前来关注。"其中，可以简单介绍一下自己的公众号类型和主题，也可以在赞赏设置写上关注公众号的标语。

只要文章内容质量高，有热度，有干货，阅读量就会多，公众号涨粉自然会很快。而且简书引流到公众号的用户比较活跃，黏性比较高。

简书的引流主要靠内容，靠的是对文字满腔的热爱，一篇一篇的文章慢慢积累来引起读者的关注。但标题也是关键，因为有简书的作者基本都有公众号，所以引流也是作者比较关心的热门话题。如 "公众号今天突然涨粉1000+，一个小妙招……"这样的标题，对有运营公众号需求的作者是非常有吸引力的。

编辑简书个人资料的时候，可以加入自己的微信号，进行导流。

这些方法是很有效果的，因为简书的文章会很快被搜索引擎收录，别人通过互联网搜索的时候也可以找到你的文章。

■ 豆瓣引流到公众号

豆瓣小组引流：豆瓣是个大池塘，要在这里钓鱼，先要确定钓什么样的鱼，准备好鱼喜欢的鱼饵。比如，做阅读资源分享类型的公众号，就可以去搜索资源关键字 "读书"，会出来很多相关小组。

然后就是加入这些小组，去分享你的资源，并且将这些需要资源的用户导入到你的公众号中。注意要遵守小组的规则，不能有过分打广告的嫌疑，否则可能会被小组封禁。

如果是做其他方面的主题，比如旅游、美食等，都可以仿照此方法，找到小组加入，发帖，引关注，达到引流的目的。

豆瓣日志引流：豆瓣还可以发布日记，发布到相应的兴趣话题里，并且在日记中留下公众号的文章链接。只要发布成功，被百度成功收录并得到好的排名，引流的效果不言而喻。

Tips: 豆瓣小组发帖获得排名小技巧

1. 自己建立一个小组来发帖，需要注意小组不能太商业化，以防被同行举报。

2. 小组权限请设置为"需要管理员审核才能加入"，不然若是你帖子排名上去了，就会有人来回帖打广告。

■ 公众号互推

简单说，公众号互推就是去找和自己类型相同的公众号做推广，互相开白名单，互发对方的文章。只要你的文章质量过硬，粉丝留存一般还是可以的。

最常见的互推就是在某公众号里，有一篇专门推荐公众号的文章，如图3-13所示，里面会有简介、ID以及二维码等。

图3-13 推荐公众号

这是几个公众号之间约好时间统一文案互相推荐的活动，也是最常见的涨粉手段，当然比较适合于大的号之间，效果还是很不错的。

那么，怎么找到互推资源？方法一般有QQ搜索加群、微信群，以及后台留言。

QQ搜索加群：在QQ搜索里输入如"互推"之类的关键词，会出现很多相关的互推群，如图3-14所示。可以先加几个，多在群里留言互动。先给自己打造一个好形象。

图3-14　QQ互推群

微信群：相比QQ群，微信群更加精准，反馈也更加快。但微信群没有搜索功能，要进去就一定要有人带你进群。如果你认识有大号的负责人，就可以问问他是否可以进相关的互推群或自媒体群。这个圈子很小，只要能进两个群就差不多够了。

后台留言：在新媒体排行榜，找一些阅读量比较高的账号关注，然后在后台留言，表达互推的意愿。如图3-15所示。

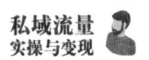

图3-15　后台留言

你有意向的后台会回复"合作""互推""商务"类似关键词，一般都是自动回复，里面会有负责人的QQ或微信ID，这样就可以沟通互推事宜了。

五、微信小程序引流

小程序是近几年最受关注的私域流量搭建平台之一，受到了不少电商商家的青睐。小程序相比其他平台胜在简洁、成本低，使用即安装，无须下载、注册，可以在微信群或朋友圈直接触达，避免了用户在注意力转移时的流量流失，是拉新的最佳手段。

微信坐拥 10 亿用户，由于使用人数多，使用频率高，微信小程序又提供了一个便捷的互动平台，所以越来越多的商家把目光放到了这里。小程序商城助力企业打造私域流量的优势，如图 3-16 所示。

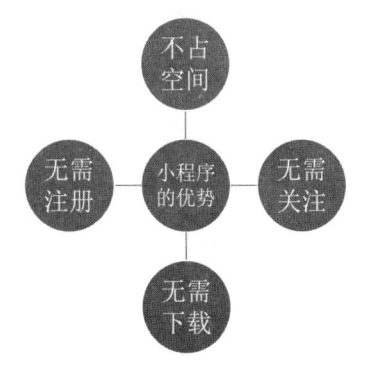

图 3-16　小程序引流优势

相较于传统 APP，小程序的设计简单，按钮不太多，用户一眼就能看明白是什么用途。如图3-17所示。

图3-17 小程序界面设计

小程序界面上的信息并不多，而且按钮都很明显，这种简单的设计不会给用户造成困扰，用户容易上手，这是引流的基础。

相比二维码引流，需要在旁边标注长按图片可以保存图片或识别二维码，否则用户可能不知道如何操作，小程序的分享功能就很简单，点击链接就直接进入即可。可以说，简单的原则决定了小程序引流的速度。

小程序引流的迅速还在于它的上瘾机制，不同于公众号，小程序有高效的反馈机制，因为用户点击浏览小程序的时候，小程序就获得了用户的信息，在数据有变化时，小程序都可以给用户推送消息，告诉他们获得了什么成就。这些成就包括用户的粉丝增长情况、收益变化、等级变化等，这些都会调动用户的成就感、尊重需求等，所以很容易上瘾。

小程序被誉为"获客利器"，我们要发挥其优势，实现低成本高效获客。具体的方法如下：

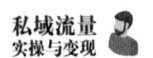

■ 利用自带流量入口

微信把小程序看作是连接人与服务的一种能力，给予了其相对应的流量入口，这些入口包括公众号、社交入口。那么，怎么利用这些自带入口为小程序引流呢？

先来说公众号。公众号关联小程序之后，粉丝就能收到消息提醒，这为小程序带来了初始用户。在公众号的底部菜单栏或图文文章中插入小程序，推送文章的同时，用户也可以直接点击进入小程序，避免了小程序无法维持用户黏性，容易造成用户流失的弊端。每一次推送都是为了吸引新用户、实现拉新做努力。

再来说小程序的社交入口。社交入口可以分享至会话聊天页，直接触达用户。而面向线下的小程序码，可以生成在海报上，通过分享实现引流。

■ 活动引流

活动裂变指的是小程序中在搞活动，用户想要在活动中获利，就要转发分享。活动裂变最有成效的是签到领奖励，用户为了领到奖励，必须每天将活动信息分享到朋友圈。

活动引流一般有商家主动赠送优惠券，为用户设置新人礼包。如"首次登录立即获得50积分和价值10元、15元、20元的优惠券，使用门槛分别为30元、48元和78元。"引导用户进店消费的同时，降低了消费的门槛。优惠券也可指定用户必须邀请一定数量的好友一起购买，才能享受到相应的优惠。

设置邀请或分享有礼的优惠券，需要规定邀请新用户或分享之后才能获得相应的优惠券，充分利用用户本身的人脉资源，实现激活老客户，获客拉新的效果。但优惠券只限在小程序中使用，便于形成正向循环，最常见的像饿了么的红包。

另外，也可以与资源合作，借力拉新。比如，与大V账号合作，利用其影响力提升自身的知名度，引发更多人的关注。也可以与产品所属行业相关的大V合作，比如家装行业，可以连接门、家具等。

■ 发挥营销插件的威力

小程序之所以"小而强大"，应该归功于其插件能力。用于引流获客的插件主要是营销插件。下面，我们来看看"分享有礼"和"拼团砍价"这两个插件的引流原理。

引流的目的是分享，而"分享有礼"中的"有礼"就是驱动用户分享的动力。一般可以通过设置有诚意的、有诱惑力的奖励，激励用户主动将小程序分享给好友，最终实现拉新和裂变。

"拼团砍价"利用的则是用户贪便宜的心理，虽然多数都需要完成交易才能成功拼团，门槛比较高，但获取的用户更加精准和优质。使用"拼团插件"的商家，可自定义拼团优惠及成团人数，促使用户为获取优惠去邀请好友参团，实现拉新。

海嘉农产品在梅州金柚上市前夕，通过蜜柚拼团活动，一周内为小程序收获了5500多名新用户。

小程序的插件功能还有抽奖功能、卡券跳转功能等，这些功能促使用户转发的动力并不相同。比如拼多多的砍价功能会促使用户大量转发，而抽奖功能只有在抽奖完毕加载分享功能才能实现。因为用户要得到产品就必须转发砍价，而抽奖之后，用户已经得到奖励，就没有转发的动力了，如果设定抽奖前先转发，用户就会有转发的行为，但是如果奖品不够吸引人，用户的转发动力就不足。所以在运用插件功能时，需要考虑怎样激发用户的转发动力。

有些小程序没有什么特殊功能，也不搞活动，但它的内容符合用户需求，或者用户看到了其他优秀的方面，也会有转发的行为。

用户在看到这个小程序里的内容非常优质之后，就会转发给他人，这就像是抖音里的分享，用户的目的很单纯，就是为了和朋友一起分享美好。所以这种小程序的内容会戳中用户的痛点，或者为用户带去谈资等。

需要注意的是，小程序并不适用于所有产品。适合的产品有游戏类小程序。年轻的微信用户几乎都使用过游戏类小程序，这些小游戏传播快、易上手，内容也较单一，所以用户量非常大。游戏类小程序类似受欢迎的网页游戏，网页游戏的特点是不用下载软件，直接点开网页就可以玩，而且游戏内容非常单一，操作简便，用户尝试起来没有困难。

六、微信朋友圈引流

有人说，微信朋友圈引流有什么讲究的？不就是发产品、发广告吗？对于私域流量来说，朋友圈已不是记录生活的地方，如果只是单纯地发布一些产品信息，这就把朋友圈搞成了一个"贴满小广告的电线杆"。贴满小广告的电线杆没人会看，广告满屏飞的朋友圈更不会吸引人。遇到脾气差的好友，立马就会被拉黑。

■ 朋友圈形象包装

朋友圈便是私域流量里展示自身专业形象的最好平台。如果你私域流量池是微信，那么平时就要注意朋友圈的包装，以给人信任感。

1. 专业性

专业性是用户对你产生信赖的关键，虽然经营者主要销售产品，但如果对产品的了解还不如用户，用户不仅不能信任你，还会对你产生轻蔑情绪。

比如你是主打化妆的，就可以把自己懂得大量化妆知识和技巧的事实在朋友圈中展示出来。如果你想要推销一款眼影，不必在内容中过分描述这款眼影多么多么好用，可以画一个美美的妆，重点突出眼影，然后将照片发表到朋友圈中，内容中带有眼影的具体信息和使用感受。喜欢化妆的用户看到后，认为非常适合自己，便会产生消费欲望。

再比如，你在微信中推销酒，你就需要学习一下与酒相关的专业知识，将自己包装成一个品酒师，经常向大家推荐一些选择好酒的小窍门，分享转发有关酒的内容，让大家想通过你对酒有更深层次的了解。如果你是卖服装的，就需要在微信中为自己塑造一个爱美、懂时尚、有品味、了解专业搭配的形象，如果自己的穿搭都不堪入目，别人自然不会信任你，更不要说买你的东西了。

2. 真实

私域流量的经营，本质上是社交属性的经营，我们需要与用户成为朋友。很多人认为将品牌标志作为头像，品牌作为昵称，在与用户交流或发布朋友圈内容时可以加深用户对品牌的印象，但这种方式却有些舍本求末的意味。

因为，品牌与顾客两者之间本就毫无联系，太过强调品牌会让顾客产生距离感。你需要让顾客感受到你是一个活生生的人，而不只是那个冰冷的品牌头像。下面，我们以微信为例，来看看如何在微信上打造一个有血有肉的人设形象。

相对于一个冷冰冰的企业号，一个有血有肉的真人会更受欢迎，秀个养眼的自拍，来一张正能量满满的早餐，去网红圣地打个卡，偶尔吐个槽……给人的感觉，就是一个活生生的人，有着普通人的小幸福和小烦恼，没有距离感，很容易亲近，同时又有着自己的小个性。

如图 3-18 所示，这个微商将朋友圈运营到了极致，用户几乎看不到很浓的商业气息，而是感受到了很温馨的情怀，感受到了照片背后的少女心，不禁为她点赞。

图3-18 微商朋友圈

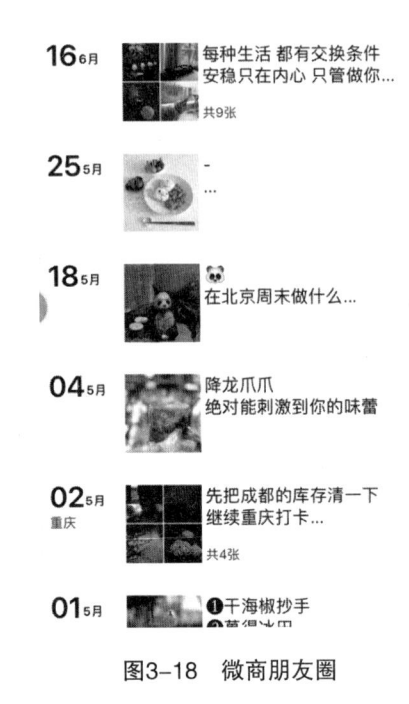

有人摸索出一个规律，在朋友圈里展示的时候，不能都是产品，最好是生活、产品、专业分别占有一定的比例，比如10%的内容是产品，40%的内容是生活，50%的内容是专业知识。

很多人认为美即人设，由此出现了一大批"网红脸"，但这些脸没有特色，也会给人不真实的感觉。

3. 专属风格

就像一家店铺，特别的装修风格不仅代表店主的性格、审美，同时也会因此给人留下深刻的印象。同样，你在朋友圈分享内容的风格就代表你的风格，是小清新、御姐范儿，还是幽默风、励志味？

当然，风格的选择一定要和你的产品有很高的匹配度，否则转化率就成问题了。比如，很多卖水果的微商会火，不仅在于他们的文案体现出了水果特色，还在于富有文采，比如荔枝的广告词：她既能做你的红玫瑰，剥开红色的衣裳，也是你的白月光。水蜜桃的广告词：生活不止双11，还有星期天，"单身狗"，靠桃子让自己甜。

4. 名字和头像

这里的全方位包装指的是微信名称、个人简介、封面签名、头像等。一个好的名字可以更直观地表现自己的专业，就像相亲一样，见面的第一眼就能给人靠谱的感觉。昵称常规设定为"职业+名字"，职业要与IP定位具有高度关联性，要让用户只要看到名字就能了解到这个IP是做什么的。比如，你是做减肥产品的，你可以取一个"××体重管理专家"。名称尽量简洁易懂，避免使用英文和生涩的词汇。

头像也是给用户的第一印象，自然用真人照片最好。为什么那些知名企业家都喜欢用自己的写真做头像？因为真实的头像更有说服力，同时也避免了被人怀疑是假冒的。当然照片也必须符合IP定位，不同的职业要选择相匹配的着装，比如医生的白大褂、健身教练的运动背心、职场人士的领带和白衬衫等。头像一般是一张专业、大方的照片，无形中给人一种专业、有品位的感觉。

签名就需要让人快速记住这个人或者产品，如果你拥有实体店，一定要在签名中体现出来，这样会给人一种真实感，在人们的常规思维中就会认为靠谱。

总而言之，无论什么的产品都需要根据其属性打造相应的人设，让人能感受到温度的人更容易让人亲近，取得信赖，要让用户产生朋友圈中多了一个有价值的"真"人的感觉。

■ 朋友圈发广告的艺术

要实现引流，必须打造优质的朋友圈。优质的朋友圈不是不卖产品，而是就算发广告，也讲究艺术。

1. 不动声色地宣传

发广告不是盲目吹嘘自己产品的质量、效果有多好，强行制造"不用是他们的损失"的氛围。这样强行将产品信息塞给用户，只会引起用户的反感与排斥。最有效的方法是不动声色，站在用户的角度，去挖掘产品的潜在价值。

比如做小儿推拿的，可以宣传小儿身上重要穴位的功效，精准找到小儿穴位的手法等。让用户对推拿产生兴趣，想进一步了解，就达到了广告的第一步功效。

2. 注意发布时间

最好根据筛选出的潜在客户群的作息时间发布，每天控制发布频率，3～5条即可，不要在某时间段刷屏。比如，你的潜在客户是上班族，你就可以在他们空闲的时间段发广告，早上 7:00~8:00 上班路上的时间；中午 12:00~13:00 午休时间；下午 17:00~18:00 下班路上的时间；晚上20:00 以后的休闲时间，这些时间段都可以发广告。

3. 内容有创意

每天发布的内容一定要有创意，如果连自己都不满意，更不用说用户了，你可以对自己的产品图片进行恶搞，文字内容多借鉴一些当下热门的词汇或者话题。这样比不断重复的内容更具吸引力。

一家专卖女士手表的商家，店内所有的图片都是左手戴表，按照一个方向拍摄，为自己的品牌创作了一个标签，这种特殊的符号会让用户潜移默化地记住你。永远不要让顾客认为你在骚扰他，或是你的广告只会浪费他的时间和流量。

■ 朋友圈配图的艺术

优质的朋友圈除了广告有度，配图也是很重要的，包括广告在内。

1. 图片摆放位置

一般来说，图片的数量为 1、3、6、9的排列方式比较顺眼。如果是9张，要注意九宫格的中心是最吸睛的地方，如果人物图只有一张最好放在这个位置，而景物等放在周围。如果人物图不止一张，也可以放在对角线上，或一人一景错落排列，如图3-19所示，相同的人物和风景对称排列，这样的方式更规律。

图3-19 摆放位置示意

2. 图片风格统一

色调风格或人物动作也要统一，如图3-20所示，这组图片奇幻的味道很浓，可观性就极强。

图 3-20 图片风格统一示意图

3. 留白

留白排版的方式有很多，比如，景物之间插入一张空白图，会让人产生拼图的感觉，人们会在脑海中想象空白处是什么样的图片。此外，人们还研究出很多别具一格的留白排版方式，适用于不同数量、不同内容的图片。

4. 切图排版

切图排版的方式是将一张图片切分成九张，如图 3-21 所示。美图秀秀里提供了很多九宫切图的形状，这种排版的效果在视觉上会很吸睛。

图 3-21　切图排版

5. 图片配文不能过长

朋友圈的文案不能过长，一般四五行就好，因为多余的文字会被折叠，而且不要写一段话，最好是一行一句，能让用户只看一眼就抓住他们的眼球。如果文字较多，也可以用符号、表情等隔开，如图 3-22所示。

图 3-22　图片配文示意图

七、APP引流

APP作为企业为自己量身定做的私域流量池，目前遇到的困难在于：APP的用户活跃度低、开发成本高、运营成本高，收支不成正比，流量急需提升。

APP引流缺的不是渠道和成本，而是有效的推广策略，以及如何善用引流方式，快速引流。

■ APP引流路径

要给APP做精准引流，首选引流路径是现成的官方资源，其次是目标用户池，最后是泛流量渠道。

1. 企业资源

首先，需要确定自己的优势，从企业内部思考有没有现成的可以利用的资源。比如，本身有社区流量可以玩社区运营，有线下资源的可以玩地推。由于官方资源本身就是自己的客户，并且都在自己熟悉的领域，无论是可控性还是精准度都很优质。

2. 目标用户池

如果是创业公司，企业内部就谈不上有什么资源了，这时候应坚持目标用户在哪里，我们就去哪里的原则。比如，如果做的是在线教育，就去学校、培训机构、家长群等目标群体做推广。如果做的是地方特产，那就是去美食群、旅游群、吃货群等目标群体做推广。

物以类聚人以群分，同类群体具有相同或者类似的共同点，如果玩好邀请、分享等手段，就能起到快速引流的目的。

3. 泛流量渠道

泛流量是相对于精准流量而言的，虽然我们一直强调要精准引流，但也绝对不能忽视泛流量的引流。

如果说精准流量目标群体是做深度，那么泛流量就是做流量的宽度。泛流量虽然不够有价值，但胜在量大。在那么大的量里，总是会有收获的。泛流量对用户的要求也不高，重要的是先把人吸引过来，然后再进行过滤和删减。

当这些渠道都进行了一遍，然后就可以分析哪种引流的效果更好。如果是信息流广告和线下海报，可以分析击率和转化率。如果是地推，可以观察地推业务员的积极性，以及他们所负责区域的增粉效果。如果是直播带货、推广软文，则可以通过二维码看引流效果。

通过数据分析，评估渠道的引流流量数量和质量，从而判断下一步应在哪个渠道加大投放力度，哪些渠道需要果断放弃，以利用有限资源去获取高性价比的用户。

■ APP引流方式

引流渠道有了，下面我们来看看APP引流方式。

1. 赠送礼品

选择一些比较便宜的物品，用免费送礼品来引流粉丝。一天送多少份，可以事先定好，也可以根据当天接触的泛流量来定，可以适当使用饥饿营销的方法，比如每天限量88份免费领等。

对免费领取了礼品的用户还可以进行激励分享，比如转发给几个朋友免费领取礼品，可以兑换积分或者更多礼品。这种方式也需要一些成本，但不会很高。当然你送的礼品越有吸引力，效果就会越好。由于是泛流量，很多人就是冲着领礼品去的，所以掉粉比较厉害，大概会掉将近一半。不要为此悲观，因为留下的才是精准流量。

2. 蹭热点

人们对热点的关注度，绝对不少于对免费物品的渴望。运营者可将APP内容结合热点推送，最好是找到产品与热点相契合的角度。如每日优鲜2020年推出的母亲节文案，"人生能和妈妈吃多少顿饭"的TVC，任谁看了都忍不住泪目。如图3-23、图3-24所示。

图3-23

图3-24

从"人生的第一顿饭，是妈妈喂我的""小时候的一日七餐"，到"叛逆期频频和爸妈陷入僵局，每次都是妈妈的饭打破"，最后升华为"时光有限，再忙也要多陪妈妈，在家吃饭"的理念。不仅让暖心的感觉爆棚，也成为品牌的点睛之笔。

做热点需要有较强的获取新闻的能力，可以关注百度风云榜、知乎的热搜榜、微博的热搜、抖音的热搜榜单等，然后根据热点去创作自己的内容。当然，热点每天层出不穷，不要盲目地跟在热点后面跑，也不能什么热点都做，而要挑适合我们去创作的热点，符合我们定位的热点。

另外，利用的热点时机也非常重要，这个拼的就是对新闻的敏感度。如果你能赶在热点被大量爆发之前先发出来，那么就能取得很好的转载量和关注量，就能疯狂吸粉。

3. 老带新

邀请引流即通过用户之间的社交分享、好友邀请等形式进行传播引流，实现用奖励吸引老用户为APP带来用户增长的目的。像拼多多、趣头条等都是依靠这种裂变邀请的方式，完成早期用户引流的。

邀请引流是一种高效的起量方式，实质就是把每个用户都当成独立的推广渠道，最大限度地发动群众为APP传播。具体做法可以结合免填邀请码形式，发送邀请链接后自动追踪并绑定用户邀请关系，从而减去填写邀请码等用户操作步骤，最大程度上实现高效的裂变传播。

万变不离其宗，只要能找到有价值的目标用户，通过渠道吸引过来，再不断优化调整，APP的粉丝增长自然就水到渠成了。

八、百度平台引流

大部分企业都无力自建私域流量池，所以不得不借力搜索、社交等公域流量平台。相较于其他同等规模的互联网平台，百度是一个被忽视的富矿。百度旗下的贴吧、知道、百家小程序等都是私域流量的获取入口。

■ 百度贴吧引流方法

百度贴吧，是百度旗下的一个结合搜索引擎的在线交流平台，通过某一个话题、兴趣或喜欢的人，将用户聚集在同一个贴吧或帖子中。这些贴吧、帖子，其实就是一个个的小社群。

贴吧营销并不难，百度庞大的用户基数，可以快速让一个帖子走红。例如，2009年，有人在魔兽世界吧中发布了一个帖子："贾君鹏，你妈妈喊你回家吃饭"，几个小时内，被39万多的网友浏览，获得了15万多条的回帖。

贴吧营销分为两方面：在他人吧中发帖和建立自己的贴吧。

1. 他人吧中发帖

在热门贴吧或热门帖子中回帖，是一个引流的好方法。运营者需要注意下面几个技巧：

（1）产品与贴吧相关。利用他人的贴吧进行社群引流时，运营者一定要选择与自己产品属性相关的贴吧或帖子。

（2）小号跟帖。发完帖子后，运营者可以用小号去跟帖、点赞，提高帖子的热度，让更多人看见。

（3）拒绝广告。带有广告、链接的帖子，很容易被百度删除。因此，运营者不要在帖子中添加链接。帖子的内容要做到生动有趣。

2. 建立自己的贴吧

在他人的贴吧中发帖子，运营者自己不能掌握主动权，不如自己建立贴吧当吧主。进入贴吧中发帖的人就是目标用户，运营者可以将其引流到自己的社群中。建立贴吧时，运营者需要了解建吧规则：

排名规则：运营者建立贴吧后，想要提高贴吧的影响力，就要提高贴吧的排名。提高贴吧排名时，首先，运营者尽量不要去顶旧帖，避免被百度扣分，降低排名。尽量保持精品贴的更新，提高其影响力，吸引更多新的吧友。其次，每个帖子的回复尽量超过11楼，保持帖子的点击率。发帖数量、帖子的点击率和回复率越高，贴吧的排名越靠前。

发帖规则：百度贴吧规定，字数在15字以上为有效回帖，少于15字为无效回帖。顶贴时，运营者要善于把控回帖的字数。最好的回帖方式为图文结合，即使只有图没有文字，也可以获得积分，而图文结合可获得双倍积分。在发帖时，运营者不要选择匿名。匿名发帖，会被扣积分。

■ 百度知道引流方法

百度知道引流，首先需要你有两个百度账号，账号的等级越高越好，一般在5级以上。账号等级对排名没什么影响，可是权重是有影响的。如果你的百度账号是新注册的，在百度知道里边留个百度网盘链接，很快就会被删掉。如果是老号就会好一些，不论是发链接还是营销内容，都会留的时间长一点。

百度知道的引流计划有以下几种方法：

1. 留品牌词

比如鳄鱼工作室、舒心瑜伽等。一般可以用特色+名字的关键词办法，许多人用这样的办法让自己的排名冲到了前面。

2. 留硬广

可以预备一些图片，在隐蔽的位置复制粘贴文字。如果账号等级在5级以上，就可以用附件答复了，联络方法就能放在附件的标题或内容里边。

3. 留外链

可以在答复里边留下百度云网盘链接，网盘里边放带二维码的图片，引导他们关注公众号或加微信。

4. 利用百度系列产品

百度旗下的链接，不会被封杀，也不会直接把这个链接给删除。在百度贴吧或网盘，留下引流计划，然后把这个引流计划的链接留在百度知道的答复里，引导用户点击跳转。

与百度知道类似的还有百度文库、百度百科、百家号、百度经验，以及百度网盘。与百度贴吧不同，这几个平台偏向于直接向用户展示推广信息，无法及时与用户进行沟通交流。

百度文库平台可以上传doc、TXT、PPT等格式的文档，但是普通用户上传的文档内不可以包含联系方式。开通百度文库VIP后，才可以在文章末尾添加自己微信小程序的名字和二维码进行推广。

坚持发布高质量的文章，就能在百度旗下的各个账号里积累一定量的粉丝。同时，利用百度推广，可以实现不错的推广效果。

■ 百度智能小程序引流

2018年7月，百度AI开发者大会上正式对外发布了百度智能小程序。有人把百度智能小程序比作亿级私域流量，这并不夸张。截止到2020年5

月，使用百度智能小程序的活跃用户已经超过了5亿。

在海量的公域流量中，通过百度智能小程序可以获取更精准、更庞大的私域流量。我们先来看百度智能小程序的注册申请流程：首先，登录智能小程序官网；其次，按照百度智能小程序官方操作文档里的步骤申请账户。

未来通过搜索引擎进入小程序的流量不容小觑，下面我们就来看看如何引流。

1. 了解百度智能小程序的流量入口

我们知道，百度扶持什么产品，流量就会向谁倾斜。所以，做引流前，我们需要先了解百度智能小程序有哪些流量入口。

小程序单卡：就是在百度搜索小程序的名称，就能在百度首页看到小程序的名称标志和简介等内容。只要发布成功，都可以获得小程序单卡。

自然搜索：小程序被百度收录后，百度APP搜索关键词和联想词就可以展现相关结果。搜索效果和小程序上的文章质量打开率、跳出率等有关。

百度首页下拉进入二楼："最近使用""大家都在用"。如图3-25所示。

图3-25　百度小程序首页

历史推荐：打开百度智能小程序，点"我的"，会出现最近使用和推荐的一些热门小程序。

百家号文章挂载：百家号作者可以在自己的文章里挂载百度智能小程序，就像微信公众号发文章的时候加入微信小程序一样。不同的是，微信小程序是没有推荐的，百家号则可以获得推荐，所以百家号挂载的小程序流量会大一些。

语音搜索：如百度APP上语音"景点门票预订小程序"可直接跳转到"景点门票预订"小程序。

除了以上几种流量入口外，百度还有百度贴吧的投放，百度地图等APP内会接入百度小程序的入口。此外第三方如爱奇艺等多款APP也都支持百度小程序的运行。

2. 开放生态提高留存率

微信小程序、支付宝小程序都是倾向于封闭状态，而百度智能小程序则是建立在开放基础上的。

举例来看，一个外卖百度智能小程序接入了百度平台外的第三方平台虎牙，当你在虎牙看直播看累了想订餐，就可以直接用该百度智能小程序叫外卖，而不必退出虎牙再点开另一个外卖APP。

当百度智能小程序运行的第三方平台越多，用户的使用率自然也越高。而且百度智能小程序自带引导组件，可以设置收藏引导，将用户留存到"我的小程序"内。另外，接入百度消息推送服务，还可以随时唤醒用户，减少用户沉睡和流失。

九、今日头条引流

今日头条目前用户总数已经超过7亿，月活跃用户超过1.75亿，日活跃用户超过7800万，单用户日均使用时长超过76分钟，日均启动次数约为9次。

看到今日头条这样辉煌的"战绩",想必运营者都不会错过这样巨大的流量推广平台。通常头条营销可以利用以下几种方法:

■ 评论引流

用户在浏览文章或视频时都喜欢习惯性地看看别人的评论,很多好的评论甚至要比文章或视频本身更能吸引人,所以运营者可以在相关领域和新闻中评论,直接宣传自己的微信小程序,例如对每年张小龙开展微信公开课的新闻下方发表评论就是很好的渠道。如图3-26为今日头条APP中张小龙的相关新闻。

图3-26　今日头条张小龙相关新闻

今日头条中,发表评论的时间越早越好,这样才能更容易获得更多用户回复和点赞,同时也能够得到更多曝光的机会。为了赶在第一时间发表评论,运营者可以多关注一些相关领域的"大咖",这样他们发表文章或视频时你就可以收到头条通知,而不用总是刷新查看。

■ 悟空问答引流

近两年今日头条新增悟空问答以来，很多头条用户都参与讨论、提出问题，优秀的答案和问题每天都能有上百万的阅读量，而且还能通过红包功能奖励回答问题的网友。如图3-27为今日头条问答页面。

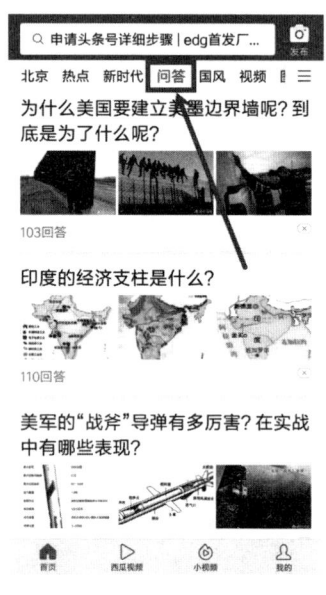

图3-27 今日头条问答页面

在使用悟空问答时，运营者可以去与自己微信小程序相关的问题下方发表评论，写出用心的回答并推广小程序，这样你的回答就会被感兴趣的网友阅读和点赞，利用问答推荐机制，你的回答越受欢迎就会推荐给越多的头条用户。

除此之外，运营者还可以主动提出问题，利用问题去引导头条用户认识自己的小程序，同样也能收到良好的反馈。

■ 付费推广

截至目前，今日头条的流量已经相当于除腾讯新闻客户端外，其他所有新闻客户端产品的总和。如果运营者希望自己的小程序能够迅速被头条用户知晓，无疑最便捷的办法就是与头条官方合作推广，目前头条竞价广告分为3种：

1. CPC模式

CPC模式按照头条用户点击次数收费，运营者可以选择投放微信小程序的抽奖方案等活动，不仅成本相对较低，而且能够吸引大量用户。类似的，头条还有按照千次曝光收费的CPM模式、按照视频有效播放次数收费的CPV模式。

2. OCPC模式

OCPC模式能够更为广泛地进行推广，但是需要小程序运营者至少投入5万元以上广告预算。虽然这种模式的成本比较高，但是效果也非常明显，此前在头条上大家耳熟能详的手游广告大都采用的是OCPC模式。

3. CPA模式

CPA模式可以按照反馈效果付费，推广效果介于CPC和OCPC之间。很多大型的婚纱摄影、旅游集团、教育培训企业都采用的这个模式。CPA模式因为可以按照单个用户反馈成本进行按需投放，所以可以随时调整广告预算。

同样，微信小程序运营者如果想要在今日头条中进一步推广自己的产品，可以选择再开发一款自己的头条小程序。同时利用今日头条和微信这两大社交流量平台，运营者一定能够使自己店铺的发展和推广更为迅速。

十、微博引流

在长沙举行的2020年中国新媒体大会上，新浪微博高级副总裁、总编辑曹增辉宣布微博目前的月活跃用户5.23亿，日活跃用户2.29亿。相较于其他媒体平台，微博在内容创作、热门事件、社交互动的传播有着其独特的优势。利用微博官方提供的丰富功能，运营者可以用以下方法进行引流：

■ 微博热搜榜引流

微博热搜榜中显示的话题是当前微博用户搜索和关注度最高的热点话题，每分钟都会进行更新，同时根据微博平台的用户基数和影响范围，这个榜单中的话题通常也是全网的热门话题。如图3-28为微博热搜榜显示的实时热点。

图3-28 微博热搜榜

利用微博热搜榜的特点，私域流量的运营者可以在热搜榜中找到相关的话题并发布微博进行引流。当其他微博用户在搜索热点关键词时，你的那条推广微博就会得到优先显示，这种营销方法在网上被称为"蹭热点"。

发布微博前，运营者首先需要注册营销微博账号，微博名称和头像通常与小程序名和图标一致，这可以让用户直接知道你的营销目的。

包装完微博账号后，如果运营者有条件可以申请微博官方账号认证，可以提升自己的微博被用户搜索时显示位置的优先级。

注意在微博开头不要直接写宣传的内容，而是应该用你的语言去吸引微博用户的注意力。如果你经营的是化妆品，就可以利用"亚洲最时尚面孔排名"这个热点写某个明星的化妆类型和大致方法，然后在微博结尾引导用户搜索小程序或是访问自己的微博主页，或者添加自己的微信号。

■ 热门话题引流

话题是微博非常重要的一项功能，主要通过"#话题词#"的形式发布，并且根据不同的话题，在微博都有专门的话题内容主页。而话题分为普通话题和超级话题，超级话题微博众多不容易得到展示，普通话题微博数量少但关注量也少，运营者可以挑选相关的话题进行效果测试。

如图3-29是话题"美食时间"的主页，目前已经有超过14.9万条相关微博和2.2亿的阅读量。对于经营美食类小程序的运营者，发布这个话题的微博就能够吸引非常多关注美食的微博用户访问小程序。

图3-29 话题"美食时间"

在微博话题中，有的话题会有"话题主持人"。运营者不仅可以申请一个没有被微博用户使用过的全新话题，然后成为主持人，也可以去已有的话题中与他人竞选成为主持人。

如果运营者成为某个微博话题的主持人，就可以将你曾经发布的宣传微信小程序的微博在这个话题中置顶，让所有找到这个话题的用户都能看到。此外，话题主持人可以设置发布该话题时需要先关注，这样可以进一步提升微博用户对该话题的关注度。

■ 微博名排行引流

当微博用户在搜索栏搜索某个关键词并筛选"用户"时，会看到很多与搜索词相关的账号依次排列，这就是微博名排行。

用户在搜索相关的微博名时，往往会信任排名较靠前的账号，而排名靠后的微博名甚至都不会被用户浏览到。如图3-30是微博搜索"进口奶粉"后展示的用户页面。

图3-30　微博关键词搜索

为了提高自己微博的影响力，运营者要设法提升微博名排行。通常的做法是提升自己的粉丝数量、完善微博账号的信息、加V认证来增加账号权重。

在微博用户眼中，加V用户的言论显得更有分量，关注的意向也要超过普通用户。最关键的是，加V认证后的微博用户发表的微博会被各大搜索引擎收录，这相当于免费给自己的微博做了外链广告宣传，可以大大增加微博的知名度和影响力。

目前微博官方的V认证可以申请身份认证、兴趣认证、自媒体认证、官方认证，根据微博日后的经营方向，小程序运营者需要选择其中之一进行申请。

■ 头条文章引流

微博的头条文章没有发布字数限制，功能与普通的博文一样，运营者可以将自己的各项产品信息写入头条文章后在微博进行发表。

如图3-31是头条文章发布后的显示效果，该作者直接将微信二维码作为头条文章封面进行推广，同时微博用户可以点击该图片查看文章的详细内容。

图3-31 微博头条文章显示

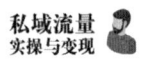

头条文章因为可以用文章的形式进行引流，所以内容也比微博更为丰富和详细，真正做到了营销文案的图文并茂。运营者可以寻找一些与小程序相关的实用性知识，然后在末尾推广自己的小程序，这样不仅没有引起微博用户反感，还会让他们认为学到了新的知识。

需要注意的是，头条文章的搜索结果并不都是实时更新的。如果你的微博账号不是实时号，那么需要等待很长时间才能在搜索结果中展示。新的运营者为了将自己的微博号升级为实时号，可以通过提升微博内容的原创度、健康度、活跃度、阅读量、互动这5个维度来完善自己。

■ 抽奖引流

利用微博官方的抽奖平台，运营者可以组织抽奖活动进行推广。如图3-32是微博抽奖设置页面，运营者可以设置各项抽奖条件。

图3-32　微博抽奖设置页面

如果开通新浪官方的"超级粉丝服务包"，运营者就会拥有多项抽奖特权，例如设置抽奖条件中的参与方式、同时关注、特别关注、限定地域、过滤用户等功能，让运营者组织的微博抽奖活动可以有更多人进行参与，而且设置点赞、评论、关注等要求还可以增加自己营销微博的热度。

事实上，微博引流的方式还有很多，需要运营者进一步发掘微博的各项功能。在推广的过程中，运营者需要注重产品价值的传递，并积极地增加与微博用户间的互动性，而且还要注重微博文案的质量。做到这几点，才能将微博平台充分利用，有效地将更多潜在的微博用户引流到微信小程序中。

第四章

私域流量的裂变式增长

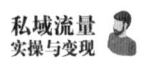

一、裂变海报设计

一张有卖点的海报，才能被广泛传播和获得高转化率。社群的推广海报一般包含四个内容：标题、活动内容、活动规则和二维码。设计海报，并不是将这些内容放上去就可以了，需要注意几个原则。

■ 标题明确

标题往往处在最显眼的位置，是整个海报的视觉核心。设计标题时，运营者需要对标题的内容和字体进行设计，既要让用户明白海报内容，又要为用户带来舒适的视觉体验。下面，我们来看一下标题的设计要点。

1. 点明主题

直接在标题中点明主题，快速向用户传递最有用的信息，如图4-1所示。近几年，人们一直强调回归大自然，乡村旅游恰好可以满足用户亲近

图4-1 "乡村旅游"封面

大自然的需求，吸引用户报名。当运营者的产品能够解决用户的需求时，不需要过分包装，直接点明主题即可。

2. 给出利益

直接在标题中给出利益，就可以吸引用户的注意力，如图4-2所示，标题为"消费100送100"，送的100元代金券就是用户可以直接获得的利益。

在利益型标题中，运营者要套用"动词+利益保证"句式，如"按照这个食谱吃，七天瘦出小蛮腰""学会这个方法，四六级不再是问题"……利益一定是用户的痛点，可以吸引精准用户。

图4-2 广告宣传单

3. 标题简明扼要

海报的尺寸有限，但是需要容纳的内容很多。所以，标题的字数不能太多，只要能够简明扼要地传递出重点信息，吸引用户关注即可。

4. 色彩搭配明显

设计标题时，运营者不要单纯地只使用黑色，合理地搭配色彩，才能让标题更加醒目。色彩搭配一般采用对比色，如白与黑、冷色调与暖色调等，带给用户强烈的视觉碰撞。

5. 标题位置合理

标题设计完成后，接下来的工作就是确定标题的位置。海报的中心是标题的黄金位置，其次是上下位置，最后是四角位置。标题位置，需要根据海报内容和整体效果来把握。

设计海报时，运营者尽量保持字体统一。即使想要突出标题，海报的字体也不要超出两种样式，避免增加用户的阅读困难。

■ 内容卖点

产品有卖点，才能吸引用户购买。运营者设计海报内容时，一定要突出产品卖点，即突出产品的差异化。提炼产品卖点，运营者需要遵守下面几个原则。

1. 了解产品信息

在提炼产品卖点前，运营者首先要充分了解产品信息。产品信息包括原材料、生产工艺、产品功能、销售模式、价格和优惠、销售场景、消费体验、目标人群和售后服务等。我们以皮鞋为例，具体讲解一下。

原材料，纯牛皮；生产工艺，纯手工；产品功能，舒适，不易变形；销售模式，线上与线下同步销售；销售价格，399元，买一赠一；消费场景，上班、谈业务比较正式的场合；消费体验，顺丰包邮；目标人群，上班族；售后服务，7天内无理由退换，一年质保期。

2. 了解用户需求

目标用户急需解决的问题是什么？目标用户关心的产品细节是什么？目标用户使用产品的场景是什么？找到用户的"痛点"，然后将其包装为产品卖点，就可以激发用户的购买欲望。

了解用户需求，可以使用两个方法：市场调研和搜索关键词。

市场调研：邀请一部分目标用户做问卷调查，或查看相关产品的用户评价，提炼出用户关心的点是什么。

搜索关键词：在搜索引擎中输入产品名称，如百度、淘宝，查看出现频率最高的相关关键词，这些关键词就是用户最关心的。

3. 竞品分析

搜索同类竞品的海报，分析海报突出的产品卖点是什么，然后将他们的卖点进行升级，转化为自己的卖点。例如，产品是一款保温杯，竞品的卖点是保温效果好，你的产品卖点也是保温效果好，那就可以将卖点包装为"12小时锁温"，直接将效果具体化，让用户有更直观的了解。

4. 提炼产品卖点

前面三点做好后，运营者就可以筛选产品的差异化特点，然后与目标用户的需求联系起来，这就是产品的卖点。注意，运营者在策划活动时，内容要通俗易懂，便于用户理解。

■ 信任背书

用户看到海报后是否会购买产品，取决于海报的内容能否获取他们的信任。如何才能让用户产生信任感，可以从下面几点入手：

1. 创始人背书

当我们没有太多资金去营销推广时，可以从创始人的背景、经历入手，打造个人品牌，获取用户信任。

褚橙就是通过讲述创始人的经历，来打造用户信任机制。在褚橙的宣传海报中，会添加"褚时健"的个人经历和创业精神，并将产品精神与创始人精神联系在一起，如图4-3所示。

图4-3 创始人背书

打造创始人个人品牌的途径有：软文推广、视频讲座、电视广告、出书等，运营者可以根据自己的需要选择合适的方式。当创始人有了知名度后，再为产品进行信任背书，更有说服力。

2. 品牌背书

有知名度的品牌产品，拥有自己的用户市场，如格力电器，已经获取了用户的信任。当运营者营销的是品牌产品时，可以直接在海报中突出品牌的名字，为产品背书。

3. 真实案例背书

真实的案例和照片，最容易带给用户真实感。在设计海报内容时，运营者可以直接使用真人照片和真实案例来增加用户的信任感。例如，你运营的是减肥产品，可以在海报上放一组减肥前后的对比照，并配以文字说明，如图4-4所示。使用真实案例进行信任背书时，运营者一定要获得当事人的授权，避免侵犯他人的肖像权。

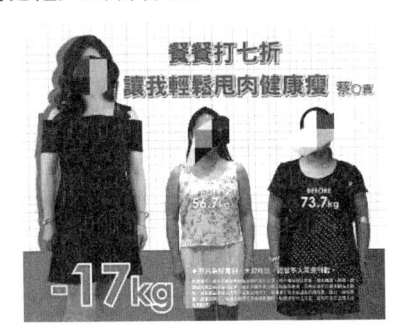

图4-4　真实案例背书

4. 明星背书

明星往往自带话题和流量，且容易获取粉丝的信任。若运营的产品请过明星代言，运营者可以直接将明星的照片放在海报上，把粉丝对明星的信任转嫁到产品上。

5. 名人、意见领袖背书

当粉丝看到自己喜欢的网红、名人或意见领袖推荐一款产品时，会毫不犹豫地购买。如很多粉丝会购买李佳琦推荐的产品，这就是名人效应。

运营者可以请网红或名人推荐自己的产品，并在海报上添加"李佳琦推荐产品""马云推荐产品"等字眼。

6. 媒体背书

若是产品被知名媒体推荐过，可以快速获取用户的信任。例如，某件产品获得了CCTV推荐，就能获取用户的信任，影响他们的判断和购买行为。

二、裂变诱饵设计

钓鱼时，只有鱼钩上有诱饵，鱼才会咬钩。这个道理同样适用于私域流量裂变增长。只有始终存在超级诱饵，才能持续不断地激励群成员分享和吸引新成员，实现裂变。那么，超级诱饵怎么设置呢？

■ 确定诱饵

裂变的本质是分享，激励分享的是诱饵。设置一个超级诱饵，可以帮助你在裂变的道路上脱颖而出。

一般来说，一个超级诱饵具有三个特点，如下表4-5所示。

表4-5 超级诱饵的三个特点

超级诱饵的特点	内　　容	举例
实用	一个超级诱饵必须具有实用性，比如一个记事本、一把雨伞或者一个鼠标垫，用户可以直接看到这些诱饵的用途，用户看到了就会想要	
通用	诱饵不需要冷门，适合的人越多，能吸引的人才会越多	
低成本	诱饵的成本足够低，才能降低获客成本。可盘点现有库存礼品、人工等，譬如帮商家做引流活动，免费获得护理体验等。成本最低的诱饵是可以无限复制的网络资料	

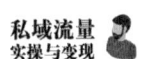

根据用户特性，选择合适的诱饵才能事半功倍。一般来讲，常用的超级诱饵有五类，如下表4-6所示。

表4-6 超级诱饵类型

超级诱饵常见类型	内容
实物礼品	实物类的诱饵很多，如纸巾、杯子、笔等。这类礼品虽然单价低，但比较实用，受众广，很受欢迎
虚拟电子资源	指各种电子资料，比如电影、学习资源、考试资料等。可以针对不同的受众，设置不同的电子资料
线下活动	线下活动诱饵的成本较高，但是能获得高质量的用户。线下活动一定要做好活动现场以及活动后的转化，否则很容易让这些钱打水漂
课程	课程类的诱饵可以是自己制作的课程，用户通过进群领取，用户也可以以较低价格组团购买
以人脉和信息为由的社群	以人脉和信息诱饵的社群，吸引用户加入。像微商交流群、互联网运营人员交流群、摄影爱好者交流群等。这种类型的诱饵需要强调门槛，以保证用户的精准性

此外，在确定诱饵的时候，还需要注意诱饵和现有业务或者产品的强关联性，以确保吸引精准粉丝。比如，英语培训课送英语体验课、美妆送试用装、母婴店送婴儿内衣或者玩具等。让用户觉得有用，价值感强，就会心甘情愿被你圈粉。

■ 包装诱饵

很多女孩子去约会时，会用一个小时去化妆，这就是对自己的一种包装，让自己变得更加漂亮，惹人喜欢。运营者确定超级诱饵后，同样需要进行包装，让其变得更加具有吸引力和诱惑力。

1. 价格包装

商品的成本价格为30元，售价定为100元，然后发送40元的优惠券，最终售价为60元。在用户觉得占便宜的情况下，商家还能获得30元的利润。运营者确定诱饵产品后，可以通过借势特殊节点如中秋节、双十一等，推出优惠活动，吸引用户参加。

2. 价值包装

"三十天学会说英语""二十天让你年轻十岁"……这就是一种价值包装，明确点出诱饵可以给用户带来什么利益，就可以打动有需求的用户。

3. 人数包装

"已有百万人参加课程""让十万人获得新生"……给用户一个具体数值，既可以让他们觉得更加真实，又可以让他们产生"已经有了这么多人参加了，我为什么不去参加？"的想法，然后积极参与到活动中。

三、裂变活动设计

越是稀缺的产品，越能够勾起用户的好奇心，激起他们的购买欲望。在设计海报内容时，运营者可以通过限时、限量和定时涨价等手段，为用户制造紧迫感，提高转化率。

■ 限时

限时策略，是制造紧迫感最常用的方式之一。在活动海报上限制一个时间点，在这个时间点内，用户可以用优惠的价格购买产品，超过这个时

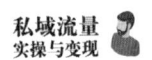

间后，产品将恢复原价，从而让用户产生紧迫感，如图4-7所示。这类活动的惯用套路就是：距离活动结束仅剩3小时、限时6小时、6月5日至6月6日有效等。

图4-7 限时抢购

■ 限量

限制产品的数量，也可以为用户制造紧迫感，如在海报上直接写"免费名额仅剩30个""前500名半价购"等。

■ 限价

定时涨价，是指到达某一个时间点或成交到某一数量后，价格上涨多少钱，如图4-8所示。例如，产品销售一个小时后或销售1000件后，涨价5元，依次递增。用户若是想要购买低价产品，就必须马上行动。

图4-8 限阶抢购

四、裂变文章设计

一般来说，吸引用户注意的文章需要将目光聚焦用户需求，站在用户角度上看待问题，这样写出来的内容才足够有价值。当文章具有足够吸引力后，引流裂变自然也就不是什么难事。

现在的人们对微信图文的要求越来越高，需要更优质的内容满足用户的需求，想要获得更多的阅读量和分享，我们需要将目光投向新的点。

■ 文章选题的"稳准狠"

文章的选题一定要精准，切忌空泛或概念庞大。"如何运营抖音？"这就是一个令人感觉"大"的标题，即便抖音是当下最火爆的APP，拥有很高的热度，但如此庞大的选题会导致文章要么篇幅太长，让人逐渐失去兴趣，要么篇幅太短，令人不明就里。所以选题一定要精准，虽然角度小，如果能够直戳用户痛点，将其中利害讲述清楚，用户也会有所收获。

一些老生常谈的话题就不要再"炒"一遍，"如何快速获得粉丝？""教你拍出更好的视频"这类话题的文章，网络上比比皆是。我们需要另辟蹊径，找到与之不同的点来作为选题才是最优的选择。

选题所框选的范围一定要有实质性的内容，如果用户阅读之后不能帮助他们解决任何问题，也是毫无意义的。

■ 易被分享的文章风格

1. 趣味性

如果我们看到一篇非常有趣的文章，很大概率会将其分享到朋友圈中，将这份快乐分享给更多的人。一次分享就是一次极具威力的裂变，每个人的微信中都有很多好友，如果不断分享，这将是一笔很大的流量。

比如，你是销售减肥产品的，如果给出一个悬念式标题"不节食、不运动，一个月瘦40斤"，用户就会带着疑惑点进去。如果内容做得足够优质与趣味，就能够得到转发分享。标题与内容相结合是一个很重要的点。

2. 实用性

当我们的文章内容在围绕核心价值的同时，能够为用户提供实在的帮助，解决用户的痛点，这样的文章更能获得用户的青睐。

还以减肥为例，你的推送文章中会为用户推荐一些实用的食谱或者减肥操，让用户能够从中学习一定的技巧，也会提高文章被分享的概率。

3. 关联性

不论文章的选题还是内容，尽量要与产品相关联。减肥产品就要推送一些与减肥相关的内容，延伸也好，切不可掺杂一些毫无关联的内容，比如，电影、八卦等内容，这些内容不但会弱化文章的核心价值，也会干扰用户的注意力。

4. 连续性

一些篇幅较长的文章可以分开逐一推送，在文章结尾留下悬念，类似连载的形式。当你在文章中讲述一个故事，连载需要大概三个月时间，一旦随意点开文章的用户被内容吸引，他就需要花费三个月时间来看完这个故事，三个月的时间会将用户的黏性提升到另一个高度。

比如，"三十天减肥方法"，每天持续不间断地分享，用户需要三十天才能看完。如果一次性将其托出，可能就会失去这种效果。

微信文章的发布一定要连续，不断为粉丝用户输送价值，更好地服务用户也就能够产生更好的分享价值。

5. 话题性

我们也可以借助当下一些热门事件的东风，将文章的核心价值与之相结合。比如某件热门事件或者热门词汇，我们就可以直接围绕这些热门衔接我们的产品或服务，进而创作文章。一部电影、一首新歌、一个段子，都是我们可以借势的点。很多用户都喜欢与当下热点相关的文章，当文章内容足够优质，自然而然也会分享。

6. 参与性

我们在发布文章时，也可以让用户参与进来。在文章结尾留下问题，回复关键词获得答案，这种悬念会激发用户的好奇心，从而参与进来，参与的人越多，你文章的阅读量也就会越多。更简单的方式就是以奖励作为分享的条件，可根据自身能力去决定奖励的大小。

7. 共鸣性

文章与用户产生共鸣，能够满足用户的情感诉求，一般都会得到用户的分享。比如，对减肥产品而言，我们可以讲一个减肥瘦身的故事，让其成为用户的真实写照，一般来说产生共鸣的可能性会很高。很多用户都喜欢能够引起自身共鸣的文章，当然对于分享也会毫不吝啬的。

这是一些关于利用文章引流裂变的内容方向，尽量多地去摸索与借鉴，你的文章一定会获得更高的阅读与分享。

第五章

私域流量留存的底层逻辑

一、内容价值逻辑

私域流量的形成机制是，用户看到运营者输出的优质内容被吸引，进而关注运营者，最终完成转化。所以，有价值的内容是私域流量留存的第一步。

■ 内容的四个价值维度

做私域流量，必须考虑你的内容是否能给成员带去价值。

内容的价值原则有四个维度，如图5-1所示。

图5-1 内容的四个价值维度

垂直原则：一个账号只专注一个细分领域，我们要把用户群体进行拆分，垂直和专注，而不要面对一个广泛的群体去做内容。不垂直等于不专注，你越想去迎合所有的用户，做各种各样的内容，后面就越会发现，用户都会不喜欢你甚至抛弃你。

深度原则：深度是指定位好一个方向后，就保持这个方向深入发展，找到更深层、更有价值的内容提供给用户，而不能只想到一些肤浅、低级趣味、缺乏创意的东西。

差异原则：只有差异，才能让你的账号从众多的账号中脱颖而出，让用户记住你、关注你。差异可以从内容风格、IP或人设的特点、内容结构、表达方式、表现场景、拍摄方式、视觉效果等众多方面进行体现和区别。

比如都是做车评类的公众号，其风格就会有很大差异。有一本正经说车的，有幽默风格侃车的。

另外，也可以从切入点进行区分，文章一般可以分为：干货型、观点型、点评型、资讯型、体验型、集锦型和采访型。

如果大的差异很难做到，那就先从小的差异来做起。比如"整理师吕文婷"这个账号，就是把自己定位为一个家庭空间规划师，账号的内容多以"史上最全的冰箱整理""儿童房间整理前后大变身"这类干货文章，内容实用有效，定位小众新颖，差异化非常明显。

持续原则：用户浏览一篇内容，并不意味着运营者可以将其成功转化，这可能只是一次意外的邂逅，用户随时可能溜走。

所以，持续是内容留存的最重要的一个原则。你上面几方面做得再好，如果不坚持持续和稳定的更新，那么根据平台的规则和算法机制，账号的权重就会下降，获得的平台推荐量变低，而且已经关注的用户也有可能流失。

放弃很容易，坚持很难。运营者可以选择连载的方式来逼迫自己坚持下去，如果能在每次结尾的时候设置点悬念，让用户产生内心期待，效果就会更好。这类连载比较适用于小说类文章，尤以悬疑小说最为典型，可让用户欲罢不能。

总之，无论是视频内容还是文字内容，一定要持续输出，不断为粉丝用户输送价值，更好地服务用户才能产生更多价值。

■ 内容运营的六个步骤

很多私域流量的构建者在做内容的时候，总是什么流行就发什么，别人发什么自己发什么。这个方法短时间内也许行得通，但并不利于长期发展。

下面我们来看看内容运营的六个步骤：

第一步是做好自身定位。内容的定位一定要符合自身领域的特点，不要盲目跟风。当你需要给自己的私域流量平台做定位时，可以参考两个快速路径：一个是对目标用户人群细分，比如性别、年龄、身份、爱好、需求等；一个是对行业或者产品细分，比如产品的性能、特点。

第二步是分析和学习竞争对手的内容。每个行业都有比较好的大号，我们不能闭门造车，而要充分收集外在的一切资源，比如通过第三方榜单平台、各自媒体官方榜单搜集自己所在行业的竞品账号，然后进行分析和删选。

第三步是打造素材库。做内容运营一定要养成搭建素材库的习惯，好的素材库有事半功倍的效果。素材库包含爆文库，即自己账号和竞品账号的爆文；标题库，即所有自己忍不住想要点击打开的标题；图片库，即一些高清无版权的图片；专业名词库，即垂直行业专有名词的解释；随想库，用来记录一些灵感。

第四步是精心排版。单纯的文字，不进行排版的样子，如图5-2所示；进行排版之后，图文结合，如图5-3所示。两篇文案给人的印象，立判高下。

第五章　私域流量留存的底层逻辑

图5-2　排版前

图5-3　排版后

所谓文字排版，就是通过设计编排手法将原本杂乱的信息变得更有条理、耐读，就是一个分拣信息、找到重点的过程。同时，也是为了让用户在最短的时间内最大限度地捕捉有效信息，且能够体现设计感，而不只是枯燥无味的文字摆放。文字的排版，主要是为了合理地布局文案并有效突出产品重点。那么怎样才能够写出一篇排版漂亮的文案呢？

1. 文字编排遵循四原则

对齐原则，相关内容必须对齐，次级标题必须缩进，方便读者视线快速移动，一眼看到最重要的信息。单从视觉效果上看，对齐后的文字给人感觉条理性更强，更具整体性、严谨性，更加赏心悦目、易于接受。

留白原则，任何事都有物极必反的效果，一味向文案中填充各种元素也会让文案变得杂乱。千万不要把页面排得密密麻麻的，一定要有一定的留白，这样既减少了页面的压迫感，又可以引导读者视线，突出重点。

降噪原则，排版的目的旨在突出重点，所以一定不要"百花争艳"，色彩、文字、图片过多，都将变成分散读者注意力的"噪音"。

重复原则，多页面排版时，注意各个页面之间的一致性和连贯性。在内容上，重要信息值得适当重复出现。

2. 图文结合，合理布局空间

在有限的空间内，如何将图片和文字全部放下，还能给人惊艳而非惊吓的感觉，这就涉及空间布局的问题。空间，就是在对的位置，创造对的文案。一般的空间布局主要有三种，即中心分布，如图5-4所示；左右或上下分布，如图5-5所示；对角线分布，如图5-6所示。

图5-4　中心分布　　图5-5　左右、上下分布　　图5-6　对角线分布

其中，中心分布是一种最稳妥、保险的排版。在这种排版方式中，文字是主要内容，也可以与图片相关联，具有方便阅读、画面稳定的效果；左右或上下分布的方式，是很多文案写手经常会使用的分布形式，这种分布排列方式很容易平衡版式，在最终效果上，也能有效表示出内容与文案

的区别对应；对角线分布，则更具视觉冲击，这种布局方式不显呆板，文案在里面的作用一般都是辅助说明，画面的主体多为展示产品细节。

3. 不可忽略的排版细节

优秀的排版总能让我们的文案更显档次，也更有逻辑性，易于让人接受。

第五步是打造吸睛标题。广告大师大卫·奥格威对文案标题的看法是：标题在大部分广告中，都是最重要的元素，能够决定读者会不会看这则广告。一般来说，读标题的人比读内容的人多出4倍。换句话说，你所写标题的价值将是整个广告预算的80%。好的标题应该能通俗直观地传递内容主题，如《新媒体人必备的3个找图技巧》要比《面对不同时期的产品，运营如何把握好节奏感？》有更大的阅读量。

除了简洁易懂，好的标题还应该能戳中用户痛点。以自媒体为例，《2019自媒体运营攻略》远不如《2019，自媒体怎么运营才能早日赚钱》更具吸引力。因为前者只不过是做了一个简单的总结，并不会对用户产生太大的吸引力，而后者突出了"早日赚钱"这个自媒体用户普遍关心的话题，用户点击的欲望就更强。

第六步是发文时间。分享内容的时间也是有讲究的，一般而言，一天的空闲时间，比如早餐、午餐、下班后、坐地铁等空闲时间，都是用户阅读的高峰期。对于公众号，还可以直接利用微信公众号平台的"小时报"功能，分析粉丝阅读活跃时间，以便在活跃度高的时间内发送内容。

■ 内容升级的三个法则

我们使用的手机软件，总是在不断提示升级。升级不仅仅是要修复软件存在的漏洞，更重要的是要增加一些新功能，满足用户的新需求。

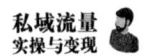

构建私域流量的内容也是同样道理，如果分享的观点已经被淘汰，分享的知识已经过时，用户自然难以留下来。

为内容买单，已经成为一种主动行为，比如为公众号打赏，喜马拉雅的年卡等。那么，私域流量的内容平台，如何才能做到内容升级？

法则一：做好细节

先看两段方案的细节描写：

· 路边一位60多岁的老人，正在叫卖热乎的烤红薯。

· 一位满脸皱纹、头发花白的老人，站在寒风凛冽的路边，身上穿的破棉袄因为太过破旧多处露出了棉絮，用沙哑的声音叫卖着热气腾腾的红薯。

对比之下，文案二一定比文案一让你看完更有想去帮老人卖红薯的冲动。因为文案二的细节描写，营造了一种画面感，刺激了读者的情绪。这种细节会让故事变得更鲜活，文案更富有感染力。

法则二：坚持原创

几乎所有的内容平台都具备了严格的查重机制，这意味着靠搬运获得流量的时代已经一去不复返了。而且别人在你的私域流量平台留存下来，肯定是因为你有与众不同的内容。那么，我们该怎么保持网站的原创性呢？

1. 拓展新思路。原创是一种崭新而独特的新思路，是自己努力和研究出来的东西。平常的时候，我们可以天马行空，让思维没有束缚地去漫游。只有在轻松的情况下，灵感才容易造访。但如果一个好的想法只停留在思想层面，也是没有任何价值的，必须落实在行动上，才有意义。

2. 和有创作热情的人合作。私域流量的运营不能单靠一个人的力量，想要保持原创，可以成立一个专门的小团队，招募有写作热情的人加入进来，参与内容创作。或者设置投稿栏目，鼓励用户投稿，从中择优录用。也可以向行业内的专业人士约稿。另外，如果有读者交流社群的话，也可以鼓励群友分享，分享的内容加工后就是原创。

法则三：洞悉用户需求

内容升级从本质上说是由用户的需求决定的。私域流量想要留住用户，可通过百度指数、热点话题和直接反馈三种方式来把握用户的需求变化。

先说百度指数，直接在百度对话框搜索"百度指数"，登录百度账号就能使用。通过它，可以知道所在行业的趋势研究、需求图谱、资讯关注以及人群画像这些信息。

热点在百度、腾讯、微博、知乎等平台都能看到，通过人们对这些热点的追捧，也可以了解用户的需求。

上面两种都是间接了解用户需求的方式，最直接的方式是用户反馈。比如，公众号推出话题后，收集到的用户留言。如果你有自己的用户社群，就可以在群内做用户测试或者调查来获取反馈。

二、产品优势逻辑

私域流量运营的都是活生生的人，只有赢得他们的信任，才能让他们留下来，然后才有可能主动掏出真金白银进行消费。而这其中，最容易也最能留住用户的，莫过于产品。

■ 稀缺优势

产品稀缺可以分为两种情况：一种是真正稀缺的产品，比如产量少，需求大的产品。这种产品一经发售，往往瞬间就会被用户抢光。另一种是商家通过一些技巧打造商品的稀缺性，为用户制造紧张感。在紧张感的促使下，用户自然就会下单。那么，如何去打造产品的稀缺性呢？如图5-7所示。

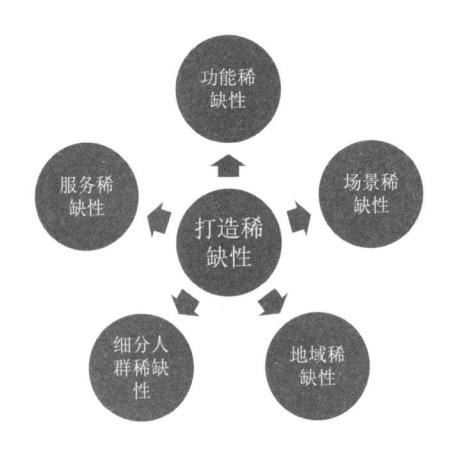

图5-7 打造稀缺优势

功能稀缺性：别的产品没有的功能，你的产品却有，用户产生需求时，自然就会选择购买你的产品，这就是功能稀缺性。打造功能稀缺性，运营者可以从产品本身最突出的优势着手。在运营的过程中，不断强化产品此方面是优于其他同类竞品的。例如，现在的智能手机种类繁多，大多数功能都差不多。美图手机独辟蹊径，结合自身优势开发出的美颜手机，受到很多喜欢自拍用户的喜爱。运营者在设计产品时，可以先选定产品的优势功能，在后期营销时，以该功能为核心营销点，让用户愿意为产品的功能买单。

场景稀缺性：将产品与某个特定的场景建立起联系，只要用户身处在这个场景中，就会想起产品，进而下单购买。例如，"怕上火，喝加多宝"这句广告词，只要用户上火或者吃火锅的时候，脑海中就会自动浮现出加多宝的身影，进而产生购买行为。

因此，运营者要做的就是根据产品的特性，为产品打造一个适合的场景，并将其传递给用户。当用户身处这个场景时，你的产品将会是他的唯一选择。

细分人群的稀缺性：这个打造稀缺性的方法很适合大众产品，能帮助其快速销售出去。大众产品使用人群广泛，运营者可以针对不同的人群制定差异化的宣传策略，打造不同人群的稀缺性。例如，信用卡是人们生活中的常用物品，谁都可以开通。但是，针对不同用户，如游戏玩家、白领、商务人群等，推出不同功能的信用卡，就恰好打造了产品稀缺性，吸引更多精准的目标群体。

服务稀缺性：为产品附加服务，通过服务建立产品的稀缺性，也是常用的营销手段之一。例如，只换不修就是产品非人为损坏可以免费换一个新的。相同产品只有一年保修的服务，用户自然会选择只换不修的。

地域稀缺性：产品本身具有非常鲜明的地域特点，如山西的陈醋、北京的烤鸭、新疆的葡萄干等。别的地方没有这些产品吗？当然不是，只是在人们的印象中，这些地方产出的产品，其品质是最好的。

若是运营者的产品比较有地域代表性，在营销时，可以抓住地域稀缺性这一特点，让用户觉得你的产品就是比其他产品好。

■ 质量优势

用户购买产品，最担心的就是质量问题，尤其是隔着网络，用户无法真实地接触产品，心中自然会产生疑虑。那么，怎样才能打消用户的疑虑，使之相信产品质优呢？运营者不妨尝试下面几种方法，如图5-8所示。

图5-8 打造优质产品

品牌认证：对于品牌产品，用户通常都保持着比较高的信任度，对于产品的质量也比较放心。运营者若营销的是品牌产品，不妨将品牌认证证书和质量检测证书展示给用户看，以此获得用户的信任。

图片展示：将产品的生产过程以图片的形式展示在用户面前，是很多运营者常用的营销手段之一。运营者尽量选取一些能够证明产品优质，又能带给用户好印象的图片，获取用户的信任。

直播展示结果：亲眼所见的事物，更能获得用户的信任。比如，现在非常流行的"开蚌取珍珠"的直播，就是卖家开直播，向用户展示开蚌取珍珠的过程，而且每次都能取出成色不错的珍珠。用户看到后，就会相信他们只要购买河蚌，就能获得珍珠，于是纷纷下单。运营者若是方便开直播，就可以向用户展示结果来证明产品的优质，进而促使用户购买。

临场观摩：江小白推出一段时间后，公司的人发现，很多用户对江小白这个品牌有着非常严重的认知错误，用户认为江小白是酒精勾兑的。为了纠正这一错误，江小白公司决定组织用户亲自去酒厂观摩，证明江小白的所有酒都是粮食生产的，并且向用户展示了先进的生产技术，获得了用户的好感和信任，销量也不断攀升。

运营者可以学习这种方式，定期组织用户去工厂参观，让用户亲眼看到产品的生产过程，就会对质量放心。

现身说法：在创作文章和视频时，经常会有运营者亲自试用产品，将试用结果展示在用户面前。这样的现身说法十分具有说服力，在运营者的解说和实际效果的相互衬托下，用户很容易产生消费冲动。

用户试用：运营者可以找一些拥有同样问题的用户做一个实验，然后将实验结果告诉用户，同样可以获取他们的信任。这也是很多运营者常用的手段之一，获取用户信任后，用户自然会下单。

三、直接利益逻辑

利益是客户留存的最根本逻辑，当用户得到真正的实惠时，他们自然会留下。

■ 福利留存

运营私域流量时，可以通过福利来留存用户。常见的福利模式，有下面6种：

1. 无门槛优惠券：不限制用户购买金额，用户为了不浪费优惠券，就会下单。

2. 返现金：用户购买产品后，可返现一定金额。在现金福利的刺激下，用户的忠诚度会越来越高。

3. 低价秒杀：定期推出秒杀活动，限量产品低价秒杀。

4. 买赠服务：用户购买正品，可以获得赠品，带给用户超值的购物体验。

5. 免费试用：定期赠送用户产品小样，提高用户对产品的黏性。

6. 赠送礼品：在特殊节日赠送用户小礼品，如用户生日、教师节、儿童节等，让用户感受到重视。

■ 会员留存

建立完善的会员成长体系和会员积分兑换，能够成功留存用户，复购率保持在80%左右。一般，会员体系会分为四个等级：普通会员、高级会员、VIP会员和至尊会员。不同的会员等级，对应的会员福利和特权不同。

普通会员：可以免费办理，或在店铺消费1元，即可成为会员。成为普通会员后，用户购买产品可以享受98折优惠。普通会员，主要是为了引导用户完成首次消费。

高级会员：用户消费满300元，可以免费升级为高级会员，购买产品可以享受9折优惠，可以将新用户转化为老用户，提高复购率。

VIP会员：用户消费满1800元，可以免费升级为VIP会员，购买产品可以享受8.8折优惠，还可以享有生日礼物，定期领取小礼品等福利。

至尊会员：用户消费满5000元，可以免费升级为至尊会员，购买产品可以享受8折优惠，同时享有专人客服、生日礼物、定期小礼品等。良好的服务，可以优化用户的购物体验，提升其黏性。

会员等级和福利，运营者可以根据自己的产品来设置。以"熊猫不走"蛋糕店为例，用户充值一定金额，可以成为店铺会员，不同等级的会员，福利不同。

充值599元：赠送3磅"四大天王"，50元优惠券2张。

充值799元：赠送3磅"四大天王"，50元优惠券4张。

充值 1699元：赠送3磅"四大天王"，50元优惠券6张，钻石会员卡1张，全场蛋糕9折。

会员福利留存用户的效果非常明显，"熊猫不走"蛋糕店将会员充值金额扩大到1000元以上，覆盖了多层次消费水平用户。运营期间，"熊猫不走"的公众号已有380万粉丝，用户平均一年可购买3~4次蛋糕。

四、精准服务逻辑

在互联网时代，网上用户越来越多，大牌商家和个体用户都在争相抢占互联网市场的红利。竞争对手激增，用户可选择的对象增加，用户变得越来越难"讨好"。运营私域流量，一定要明确，你不需要留下所有用户，你需要留下的是精准用户。

■ 服务垂直细分客户

如果为了留住所有用户，就想方设法去解决用户的所有问题。但这样做不仅无法解决用户的问题，还会耗费团队的大量资金和精力，导致用户流失。因此，运营者只需要服务垂直细分用户，把一部分客户变为忠实粉丝。

比如，私域流量运营的产品是面膜，那定位的目标群体便是爱美和热衷护肤的用户。服务的主题应该围绕护肤展开，包括如何选择面膜，做面膜的技巧，适合晒后修复的面膜等。

■ 搭建专业化的供应链

供应链的元素包括流量采集、用户转化、品牌运营和产品开拓等四个方面。搭建专业化的供应链，能够为运营者解决用户需求提供帮助和保障。怎样才能形成一个专业化的供应链呢？

这也是运营者搭建一个良好的产品闭环的关键因素，运营者不能单纯地只依靠流量，还需要从产品的选择、用户的痛点、产品库的存储等方面入手。运营者想要留存用户，必须坚持做专一领域。不能盲目跟风，今天做这个，明天做那个。太容易改变，很难留住用户。只有坚持，才能给用户留下深刻的印象，而且将精力放在专一领域，可以精细到各个细节，提高用户的体验感受，帮助运营者更快地获取用户的好感。

第六章

私域+社群的促活和转化

一、话题促活

话题是促活社群的核心。互动性和讨论性好的话题，有利于提高社群成员的积极性。那么，怎么才能创作出群成员感兴趣的话题呢？

■ 热门话题类型

话题无非是和人、事、物有关，下面我们具体来看相关的常见热门话题。

与"人"有关的常用话题，如下表6-1所示。

表6-1 与"人"有关的常用话题

话题类型	内　容	案　例
情感共鸣	情感类话题，引发群成员的共鸣，能迅速提升社群氛围，让社群成为群成员的情感宣泄口	《你好，李焕英》的票房大卖，有社群就推出了"梦回童年，我记忆中的妈妈"的话题，引爆群成员的情绪，纷纷分享自己儿时的经历
成长经历	类似的成长经历，会让群成员联想到自己的生活和工作经历，从而产生归属感	"社群商学院"成立三周年时，在群内发起话题"运营社群，你遇到的那些坑"，群成员纷纷分享自己的经验

与"事"有关的常用话题，如下表6-2所示。

表6-2 与"事"有关的常用话题

话题类型	内　容	案　例
热点事件	这类型的话题，通常是社群成员最热衷、最愿意讨论的	2018春节，"啥是佩奇"事件霸屏，有社群直接提出"新年到，你给爸妈准备了什么礼物？"的话题，引发了群成员的热烈讨论

续表

话题类型	内容	案例
明星八卦	这类话题很容易引起群成员的好奇心，积极参与到讨论中	有明星公布婚讯后，有社群推出"你喜欢的爱豆结婚了吗？"的话题，引起群成员的兴趣，积极参与到八卦讨论中
行业揭秘	这类话题一般围绕群成员最关心的内容展开，能够快速吸引群成员的注意力	"微信引流的8大秘籍""10个用户8个购买的秘诀"
社会民生	这类话题，通常是大众关心的社会类话题，与他们的生活息息相关	火车票的站票与坐票的价格相同，有社群借势推出"无座火车票半价，你赞成吗？"的话题

与"物"有关的常用话题，如下表6-3所示。

表6-3　与"物"有关的常用话题

话题类型	内容	案例
热门企业	与热门企业有关的话题，很多人愿意发表一些看法，如支付宝、快手、星巴克、腾讯等	"你喜欢用微信支付还是支付宝支付？" "你喜欢喝星巴克，还是瑞幸？"
社群自带话题	每个社群都会有自己的主题，群成员的事迹、群活动等，都可以成为话题素材	读书交流会社群中某一成员出了一本关于社群运营的书，在群中推出"付邮免费领书"的活动。这个活动，引发了好几天的群内讨论

了解了社群常见的话题类型有哪些后，运营者就可以根据自己的需求，制造群成员喜欢和感兴趣的话题，从而让社群始终保持活跃。

■ 制造话题禁忌

制造话题时，需要注意的禁忌如下：

1. 忌价值缺乏

群成员参与话题讨论，更多的是为了在讨论中提升自己的眼界和见识。没有价值的话题，可能会在短时间内吸引群成员的注意力，但当他们认为自己无法获得利益时，就会失去热情，从中抽离，使社群重新归于沉寂。运营者只有持续输出有价值的话题，满足群成员的需求，才能让他们长久地参与其中。

2. 忌与主题不符

发布的话题，一定要与社群的主题相关。例如，你运营的是母婴社群，话题就要与宝宝、宝妈相关，如"孕期你喜欢吃什么食物""宝宝刚出生时很喜欢笑，你的宝宝刚出生时是什么样的""怀孕的时候，宝宝会和你互动吗"……

社群用户更喜欢参与精准话题，若你总是发布一些不着边际的话题，只会让他们失去兴趣，让社群变成毫无价值的"死群"。

3. 忌话题无趣

话题的内容无趣，很难引起群成员的兴趣和注意。若社群长时间无法给群成员带来乐趣，他们就可能退群。因此，运营者需要输出有趣的话题，持续吸引群成员参与。有趣的话题，可以与群成员的兴趣爱好、热门事件、社群活动、行业领域等相关。

4. 忌发布频繁

发送话题，是为了提高社群的活跃度。但话题太频繁，就会产生过多的无效信息，为一部分群成员造成困扰。而且，频繁发言还会让群成员觉得疲累。

当运营者察觉社群气氛沉寂时，可以发送新的话题，吸引群成员参与，炒热气氛。每日发送的话题，不能超过1个。若群成员还在讨论之前的话题，就不需要发布新话题了，要给群成员留下足够的互动时间和空间。

■ 创作话题步骤

创作社群话题的步骤如下：

第一步：进行话题分类

社群话题可以按照兴趣、事件、关系、地域、技能、价值等进行分类，运营者需要根据社群的类型进行划分。比如，你运营的是一个社群训练营，就可以按照课程进行分类，如引流裂变、营销转化、朋友圈吸金等。

第二步：深度挖掘话题

优质的话题并不是运营者凭空想象而来，需要你拥有良好的发现和挖掘能力。当你创作话题没有灵感时，可以关注热门网站的热点话题，如微博热搜榜、百度热榜、头条热词、抖音热搜榜、快手热榜、微信指数等。只要是当下的热门网站的热点事件，都可以成为运营者的话题灵感来源。

第三步：评估话题质量

运营者创造话题时，可以多选几个切入点，然后一次性多创造几个话题，让核心成员或者选取社群中的一小部分群成员，进行评测。从中选取质量最优、群成员最愿意交流和讨论的话题，发送到社群中。

运营者熟练掌握这三个话题创作步骤后，就可以在社群中稳定输出群成员感兴趣的话题，增加群成员的互动频率，从而提高整个社群的活跃度。

二、红包促活

当社群沉寂时，很多运营者喜欢用发红包的方式来炒热气氛。看到红包，很多潜水的群成员会出来抢。但是，怎样做才能将红包的效果发挥到最大呢？

■ 发红包的时间

很多运营者看到社群不活跃，就会马上发一个红包。但是，很多用户抢完红包后，也不说话，根本没有发挥红包提高活跃度的作用。因此，运营者要掌握正确的发红包时间，才能发挥红包的最大效果。

1. 错误的发红包时间

早上：工作日的早上，用户都忙着工作，没有时间去互动。休息日的早上，用户都忙着睡懒觉，没心情去互动。

临睡前：若是在用户临睡前发红包，用户抢完红包后，会持续兴奋，失去睡意，影响用户的正常作息和第二天的工作。

2. 正确的发红包时间

午休：很多用户上班劳累了一上午，喜欢在午休时间玩手机，来放松一下自己。这个时间段发红包，用户有足够的时间去抢并且去互动。注意，十二点半以后，运营者尽量不要发红包。这个时间，很多用户需要午休睡一会儿。

下班后：下班之后，用户劳累了一天，会玩会儿手机来放松自己。在这个时间段发红包，可以给用户惊喜，刺激他们参与互动。19点以后，是人们做晚饭和家人共用晚餐、交流的时间，玩手机的人很少，运营者要避开这个时间。

21点后：这个时间段，很多人都洗漱结束，上床准备休息了。但是，还不到睡觉时间，用户便会去社群中聊聊天。这时候发红包，能够快速调动用户的积极性，让社群活跃起来。注意，23点后就不要发红包了，以免扰乱用户的正常作息。

周末、节假日：在周末、节假日，用户空闲时间比较多，运营者可以在社群中发一个红包，调动用户的积极性。

注意，运营者发的若是通知红包，那就先发通知信息再发红包，并且隔一段时间补一次通知，确保通知不会被红包信息刷掉，能够让用户都看到。

- 发红包的大小

社群红包的运营规则，就在于一个"抢"字，抢到红包的人高兴，抢不到红包的人失望。运营者发红包的目的是激活社群气氛，因此，要设置尽可能多的红包。

例如，社群有100个群成员，运营者在设置红包个数时，直接设置为100，保证人人有份。

注意，群成员抢红包是需要付出时间和流量成本的。若群成员抢到的红包过小，如1分钱，他们难免会失望，并对运营者产生不满。所以，运营者要避免红包过小，金额可以设置为50元、100元，不需要太大，采取多人平均分配规则即可。

当社群人数达到了500人，平均分配规则会增加运营者的负担。这时，运营者无法采用平均分配规则，便可以发"拼手气"红包，固定红包数量，随机分配金额，保证有群成员可以抢到金额够大的红包。

例如，社群有500个群成员，运营者发一个金额为100的红包，数量设置为20个，抢到红包的群成员金额可能为32.5元，也可能为0.5元。抢到红包金额比较大的群成员，会更加拥护运营者的决定，积极参与到社群活动中。

没有抢到红包的群成员，失望的同时也会鼓励自己，下次抢红包时手速一定要快，并期待着下一个红包的到来。整个社群的气氛，就可以被轻松调动起来。

- 发红包的方式

发红包的方式如果不恰当，比如在群里给某个成员发了一个大红包，结果被别人抢了，想让对方归还时，对方直接退群了。

为了避免这种事情的发生，运营者可以在社群中发定向红包。定向红包，就是指红包专属于某个人，其他人不可以领取。

当遇到下面三种情况时，运营者可以发定向红包。

1. 感谢他人工作

社群运营工作时需要多人一起完成，这些人平时默默工作，到了节日或某个特殊的时间点，运营者就可以发定向红包感谢他们的付出，肯定他们的工作价值。

某次活动结束后，群主在群内说道："大家安静一下，现在我要发5个88元的定向红包，感谢他们对本群的付出，不断实现本群的价值。"

@敏敏：每天用心整理群内分享的知识、素材和资料，方便大家阅读，非常感谢！

@三月：群内每次举办活动时，三月都做了很多幕后工作，让每次活动都完美落幕，非常感谢！

@陈卓：经常在社群中分享干货，让大家学到了好多，非常感谢！

@颜青：每次讨论都能发表犀利的观点，不断启发大家思考，让我们的群变得更有深度，非常感谢！

@番茄：经常总结群内发言，并分享到朋友圈，为我们群带来了很多新朋友，非常感谢！

在社群中公开表扬他人的工作，并给他们发红包，既肯定了对方的价值，又能增强对方的荣誉感。

2. 成员有突出贡献

社群中的某个人或某几个人做了贡献，群主需要立马发红包奖励。在红包的激励下，社群成员会更加积极地为社群做贡献。

这种奖励一定要迅速快捷，挑起群成员的兴奋情绪。若群主行动慢了，即使后面再发红包，激励作用也会减弱很多。

3. 成员遇到喜事

当群成员遇到了喜事时，群主可以立马发送红包，恭喜对方。例如，某个群成员考上了理想的大学,你就可以给对方发一个大红包。

■ 发红包的创意玩法

单一地发红包,无法持久地吸引群成员的注意力。运营者需要多发明几种有趣的红包玩法,持续吸引群成员参与其中,如下表6-4所示。

表6-4 发红包的创意玩法

名称	玩法	适用社群
接龙红包	抢到红包后,金额最大的接着发	所有社群
打赏红包	有大咖或群成员分享经验、干货,其他群成员发红包,表示感谢	知识型社群 产品型社群
任务红包	每日打卡,没有完成任务的人给群主发小额红包。任务结束后,完成任务的人平分红包	学习型社群 兴趣型社群
禁言红包	群成员违反规则被禁言后,可以私聊群主或管理员发红包,要求解禁	QQ社群
口令红包	发一个口令红包,群成员发送口令后,才能领取红包	所有社群
密令红包	文章、视频、PDF等资料需要付费查看,群主在社群中上传文件后,设置密令,群成员可以发红包获取密令	培训型社群 学习型社群

三、激励促活

运营者给予群成员一定的奖励,可有效地促活社群,这种促活方式被称为激励促活。常见的激励促活方式包括三种:任务奖励、社交奖励和自我奖励。

■ 任务奖励

完成某项任务获得一定的奖励，用此法促活社群，方法如下：

1. 设置诱饵

该模式能够顺利促活社群的关键就在于诱饵。诱饵对群成员有足够的吸引力，他们才会乐意参与到社群中。运营者在设置诱饵时，需要将社群类型和群成员需求结合起来，确保诱饵可以发挥应有的作用。

2. 设计模式

确定诱饵后，运营者需要设计实行方式，使其更好地触达用户。我们以产品型社群为例，诱饵为产品，可实行的模式有下面几种，如下表6-5所示。

表6-5 设计模式

模　式	内　容	诱　饵
双赢奖励	群成员邀请好友成功后，双方均可获得奖品	免费奖品
阶梯奖励	群成员每买一次奖品，可获得产品积分，积分可兑换奖品。产品积分越高，最后获得的奖励越丰厚	产品积分
拼团	群成员发起拼团并邀请好友参加，成功后，双方可以低于原价购买产品	低于原价
砍价	为了获得奖品，群成员邀请好友砍价	免费奖品

设计"拼团"模式和"砍价"模式时，运营者可以直接将折扣价格与原价并行展示给用户看，给予直接刺激。

当群成员触发了行为后，运营者需要立即展示对应的奖励，比如展示砍价进度、拼团成功人数等，激励用户持续邀请好友。

■ 社交奖励

社交奖励，是指人们与他人交往互动的过程中，获得的人际奖励，流程如图6-6所示。

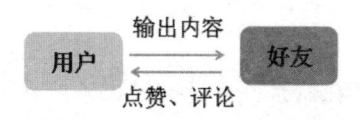

图6-6 社交奖励流程

社交奖励的本质，是来自他人的肯定。例如，用户朋友圈分享了一个很有趣的观点，微信好友纷纷点赞、评论。用户获得了肯定后，会更热衷分享观点。

运营社群时，社交奖励可以有效地保持社群的活跃度。例如，在文案创作群中，你分享一篇名为《热门文案的常用套路》的文章。其他群成员纷纷在社群发言，"感谢分享""终于等到更新了""点赞，又一篇值得收藏的好文章""发个红包，感谢一下"……为了获得更多的夸赞和认同，你会持续分享有价值的内容。

心理学家艾伯特·班杜拉曾说过："人类具有向其他人学习的能力，当他们看到某个人因为某种行为获得奖励时，就可能跟风。"在社群中，当其中一个人获得了赞扬，其他成员也想要获得这种荣誉感时，就会去分享有价值的内容，从而提高整个社群的价值。

在通过社交奖励促活社群时，运营者要注意两点：

1. 及时给予反馈

群成员分享有价值的信息时，运营者要及时给予反馈，如"这个文章写得非常好""这个视频很有创意"……给予对方肯定，其他成员看到群主的反应后，也会跟风夸赞，给群成员一个继续分享的理由。

2. 适当给予奖励

当某一成员持续在社群中分享有价值的内容时，运营者可以定期给予奖励，如在社群中发一个定向红包，或公开感谢。既可以激励对方，又可以在社群中树立一个榜样。

■ 自我奖励

自我奖励是指人们在做某件事情的过程中所获得的操控感、成就感和满足感。即使做事情的过程中遇到了很多困难和障碍，这种奖励机制依然会促使人们继续某种行为。

自我奖励的本质就是自我满足，若将这种模式应用到社群运营中，会不断激励群成员完成社群任务和参与社群活动。下面，我们来看一下具体实现过程，如图6-7所示。

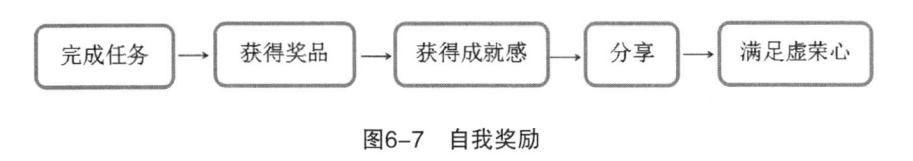

完成任务 → 获得奖品 → 获得成就感 → 分享 → 满足虚荣心

图6-7 自我奖励

运用"自我奖励"模式时，运营者需要注意下面几点：

1. 设计奖品

实现自我奖励模式的关键，在于奖品的设计。奖品有多种表现形式，如实物奖品、积分、排名、奖章、影响力等。在设计奖品时，运营者尽量保持其多变性，能够持续引起群成员的兴趣。同时，还要保证奖品可以满足群成员的使用需求。这样，即使奖品因为时间的推移失去了神秘感，因为需求，群成员依然会留在社群中。

2. 培养用户习惯

设计奖品时，运营者要注意群成员习惯的培养。例如，每天上课打卡可以获得积分，积分可以换取奖品。为了获得积分，群成员会每天参与打卡活动，进而发展成为习惯。运营者设计的触发行为，一定要是持续行为，而且要保障群成员的自主权。

3. 设置门槛

当人们战胜某个困难时，内心会产生成就感和愉悦感。在策划社群活动时，可以在活动中期适当增加难度，激励群成员的参与热情。注意，增加的活动难度，可以通过社群学到的知识解决。

4. 提示进度

运营者设计社群活动时，可以设置一个提示功能，如"群成员再邀请3人可兑换奖品"，让群成员明白，自己还需要做多少事情才能获得奖品，提高他们的参与热情。

5. 激励分享

当群成员分享社群活动时，运营者要及时给予奖励，如公开表扬、积分、学习资料等，提高社群的传播率。

四、活动促活

一个有趣的活动，可以快速吸引用户的注意力。用户积极参与活动，就可以提升社群的活跃度。如何利用活动促活社群，运营者可以同时策划线上活动和线下活动。

■ 线上活动方案

有趣的活动，才能引起用户的兴趣。运营者想要策划一个能够吸引用户的活动，需要提高活动趣味性和游戏感，让用户沉浸其中，增加活动的促活效果。怎样才能增加活动的趣味性，运营者可以设计几个有趣的玩法。下面，我们来具体看一下。

1. 任务积分

运营者按照由易到难设置任务，用户完成一个任务后，可以获得奖励积分。用户通关一个任务后，可以继续完成下个任务，直到失败或全部完成。获得的积分，可以累积到用户个人账户，用以兑换奖品。

2. 转盘抽奖

在活动期间，用户只要完成任务，就可以参加抽奖。运营者可以将抽奖形式设置为转盘、九宫格、刮刮乐等，奖品一定要丰富。当用户花费很小的成本，却获得了很高的收益后，就会乐此不疲地参与社群活动。

3. 小游戏

有趣的小游戏，可以快速吸引用户的注意力。运营者可以设置一个有趣的小游戏，群发到社群中，吸引用户参加，提高社群活跃度。常见的社群小游戏有手气王、掷骰子、猜价格、成语接龙、答题竞赛等，赢者可适当给予小礼品等。

4. 投票评比

在投票活动中，群成员可以将自己的票数投给喜欢的人或物，获胜的一方，将获得奖励。运营者设计投票活动时，要尽量简化过程，让用户一进入页面就可以参与活动，避免复杂的过程让用户失去耐心。

5. 评论有礼

当运营者在社群中发起一个话题后，可以鼓励群成员回复留言，然后根据发言时间和点赞数量来选取中奖用户，并且在社群中及时公布。

Tips：活动设计原则

在设计线上活动时，运营者需要秉持三个原则：实用、易操作和体验流畅。

实用性：用户参与活动后，能够有所收获，如有价值的信息、知识、奖品、福利等。只有这样，他们才会持续参与活动。

易操作性：活动玩法要简单，不要有复杂的操作流程和说明，让用户一眼就能看明白。玩法太复杂，会让用户觉得麻烦，进而退出活动。设计活动玩法时，运营者还要考虑活动的实现场景，让整个过程变得更加流畅。

体验流畅：根据漏斗原则，我们可以发现，在用户参与活动的过程中，从进入活动页面到活动参与完成，每一步都会产生约50%的用户流失。因此，活动的操作步骤，应该尽可能地简化，最好不要让用户去选择到哪个页面，而是直接引导用户持续参与；另外，整体的流程设计，也要尽可能地流畅，减少用户在每个环节的流失。

■ 线下活动方案

线下活动，可以让运营者与群成员、群成员与群成员之间直接交流互动，加深彼此的信任，建立情感关系。在情感关系的基础上，群成员会更加活跃，社群的发展也会更好。

有一位餐馆老板，建立了一个社群，只要来餐馆吃饭的客户都可以进入社群。餐馆老板不仅会在社群中与客户聊天，评论菜品，还会约着一起夜跑。一起跑步的次数多了，餐馆老板逐渐和群里的成员成为朋友。每次餐馆推出了新菜色，老板都会邀请群成员品尝。群成员也喜欢带朋友来吃饭，支持老板。

线下活动的表现方式有很多，运营者可以根据自己的社群属性和群成员喜好来决定活动方式。常见的活动方式有下面几种：

1. 聚餐

聚餐活动适用于小型社群，通过餐桌文化，加深彼此间的交流。在聚餐活动中，运营者要做好引导话题、活跃气氛的工作，避免冷场。

2. 采访

对群内大咖进行采访，满足群成员的好奇心。运营者可以直播访谈过程或整理采访内容发送到社群。在采访前，运营者可以整理群成员感兴趣的问题，作为此次访谈的主要内容。

3. 交流会

运营者举办线下交流会，让群成员参加。在交流会上，群成员可以围绕某一主题，发表各自的意见，在交流中增加了解和建立情感关系。

4. 线下娱乐

运营者可以根据群成员的兴趣爱好，组织见面会，如爬山、夜跑、唱歌、健身等。一边娱乐，一边交流。越是志同道合的人，越容易找到共同话题，成为朋友。

5. 线下培训

运营者在线上获取群成员信任后，就可以引导群成员参加线下课程。线下课程一定要能为群成员提供价值，才能让他们长期参加。

策划线下活动时，运营者需要根据活动形式选择场地，注意私密性，避免外界的打扰。线下活动更适合同城社群，群成员不会因为距离太远而退出活动。

五、社群变现

变现是社群运营的最终目的。越来越多的企业商家纷纷建立社群，希望获得更多变现渠道，提高变现率。具有变现能力的社群，通常含有四个指标，我们来具体看一下。

社群变现的四个指标

1. 群黏性

群黏性是指群成员对社群的忠诚度和依赖程度。当群成员舍不得离开社群时，群黏性就会大大提高，社群的变现能力也会变得更强。群黏性具体体现在社群关系上，一般具有3种形态，如图6-8所示。

社群关系形态

图6-8 社群关系形态

人与人：群成员与群成员之间建立连接关系，形成黏性。

群与群：在社群中，群成员会因为各自的喜好形成小群体，小群体与小群体之间可以形成黏性，塑造良好的社群氛围。

人与物：当群成员喜欢或需要社群产品时，就会对社群产生黏性。

清楚社群的关系形态还不够，运营者还需要找到产生社群黏性的关键要素：利益、情感和荣誉。

利益：社群能够为群成员带来利益，就能获得他们的信任，并长期留在社群中。

情感：围绕某种情感建立社群，可以让群成员之间的关系更加坚固，如老乡群、同学群等。

荣誉：群成员可以在社群中获得尊重、荣誉、权利等，就会更加忠诚。

2. 内容力

内容力就是运营者在生产、传输和需求内容的过程中，形成了一个内容矩阵。在社群中，群成员发送的各类消息，组成了整个社群的内容。

社群的内容力越强，对用户的吸引力越大。判断社群内容力，可以从不同内容的占比来看。运营者可以选定一个周期，分析周期内社群各类内容的占比。

专业内容占比：专业内容是由运营者提供的某一领域的专业知识，能够为群成员带来价值，这类内容占比约为20%。在社群中，专业内容占比越高，社群内容力越高。

合作内容占比：合作内容是由其他成员分享的知识、经验，这类内容占比约为15%。

主线内容占比：主线内容是指社群成员一起产出的内容，如每日任务、聊天内容等。这类内容占比约为50%。

活动内容占比：活动内容是指社群中发起的活动。这类内容占比约为10%。

反馈内容占比：反馈内容是由群内用户聊天时产生，如"咱们社群真的太好了，我学到了很多知识，为群主打call"。这类内容占比约为10%。

运营者可以根据内容力指数，来调整社群的内容占比，避免闲聊内容成为社群主要内容，降低社群价值。

3. 裂变力

社群裂变力是判断社群是否有发展潜力的重要标准。社群不断有新用户加入，并购买产品，才能持续发展。基于社交关系的社群裂变，更趋向于一对多的病毒式裂变，如图6-9所示。

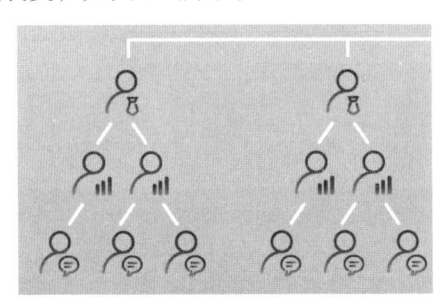

图6-9 裂变力

社群的裂变力越强，变现率越高。判断社群裂变力，我们需要引入两个关键指标来衡量整个社群的裂变维度——裂变力指数和时间成本指数。

裂变力指数，是社群裂变的主动性衡量指标，即群成员主动传播的意愿强度。运营者想要判断社群的裂变动力指数，可以通过具体活动来实现。数据说明一切，周期内，数值越高，裂变动力指数越高，社群变现能力越强。除此之外，运营者还可以根据各项数值，来调整运营策略，提高社群变现率。

时间成本指数，是指用户传播和完成任务获得奖品，需要花费的时间成本。活动传播路径越短，任务越容易完成，用户参与和传播活动的意愿越高。运营者可以测试用户从"参与活动→传播→完成任务"所花费的时间，进而判断活动裂变效率。

4. 活跃度

活跃度越高的社群，转化率越高。原因很简单，活跃度=关注度。无人发言的社群，不仅无法转化，而且可能会完全沉寂，直至解散。

从功能的角度来看，社群内不断有新消息，才会保持在聊天列表前面，让用户看到；从用户的角度来看，用户是有目的地加入社群，当社群中有人讨论时，他们能够有所收获，才会愿意打开社群。

活跃度是评估社群发展潜力的关键因素。查看社群活跃度有两个指标，用户活跃度和内容活跃度。

判断用户活跃度的指标有三个：互动次数、互动天数和互动内容量。运营者可以选择一个固定的时间，进行统计。例如，以七天为一个周期。

互动次数：统计周期内，群内所有形式的发言数量。

互动天数：统计周期内，群内用户的发言天数。比如，在七天内，有的用户每天都在群中大量发言；有的用户每天说几句话就沉默了，有的用户两天才会发言一次……通过互动天数，可以分析用户对社群的黏度。

互动内容量：在社群中，文字消息是主要消息类型。运营者需要统计消息的字数、类型，分析长消息的占比。

在社群运营常识中，群用户数量>常驻群用户数>发言用户数。通过对互动次数、互动天数和互动内容量的数据统计分析，运营者可以计算出社群用户相关互动值，分析社群中哪些是活跃用户，哪些是潜水用户，进行精细化维系和淘汰。运营者还可以给予潜水用户更多关怀，提升其互动频次。

内容活跃度是社群中消息的多种表现形式，如文字、视频、语音、链接、表情、红包、名片等。据数据统计，不同表现形式的占比如图6-10所示。

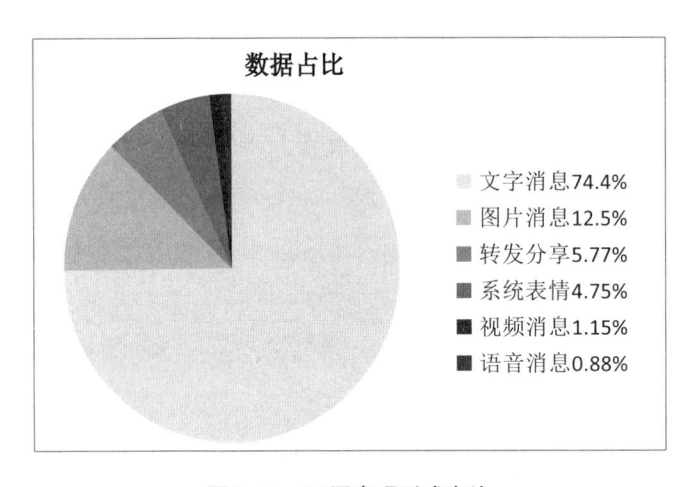

图6-10 不同表现形式占比

从图片中，我们可以看出社群中文字的占比最高，约为74.4%，图片占比约为12.5%，转发链接占比约为5.77%。

当然，并不是社群内的消息越多，就代表社群的活跃度越高。若社群每天消息不断，但大多都是无意义的闲聊，或图片刷屏，即使群成员很活跃，对于变现也没有任何益处。

因此，运营者需要统计文字消息的长短数量、类型，找到用户偏好内容。当一个社群中有价值的文字内容占比越多，意味着社群的发展潜力越大，可变现价值越高。

■ 社群变现的四种模式

不同类型的社群，变现方式也不同。有的运营者是通过卖产品，有的运营者仅仅是通过聊天……想要提高变现效果，你必须找到适合社群的变现模式。常见的社群变现模式，有下面几种：

1. 电商变现

社群电商就是将社群作为一种工具，来售卖产品，达到变现的目的。比较常见的电商社群有母婴社群、食品社群、女装社群和各种美妆社群等。运营电商社群时，运营者要注意产品的挑选必须与用户需求精准对接。

在电商社群中，产品是吸引用户的关键。在设计社群产品时，你可以遵循"由低到高"的原则，将产品分为引流款、爆款、利润款三种。下面以一个卖女包的商家利用社群出货为例：

引流款：这种产品要具有强吸引力，能够让用户产生物超所值、必须马上下单的感觉。女包厂家可以直接打造引流活动，"原价198元，秒杀价只需18元，包邮"。活动门槛低、力度大，对于用户而言，非常有诱惑力和吸引力。

每晚8点，开启秒杀活动。活动开始后，厂商会在社群中发送红包，抢到最大金额的用户获得秒杀资格。每天晚上，会有1个秒杀名额。

活动结束后，厂商在群中发送通知：用户分享活动图片到朋友圈，截图联系个人号，可以获得6.6元红包。在前期活动建立信任和现金红包的基础上，用户会愿意分享活动图片。

爆款：就是非常火爆的产品，它具有高转化率。这种产品，可以弥补引流款的不足，满足用户更深层次的需求，吸引他们购买。

抢不到秒杀名额的用户，可转发朋友圈，截图给客服领取100元优惠券。当天下单，立减。

利润款：就是商家盈利的主要产品。用户在社群中待的时间越长，对运营者越信任。商家就可以上线高利润产品，引导用户购买。这种产品，一定要满足用户期待，为他们带来惊喜。

女包商家上线的利润款，是今年流行的最新款，商家推出"一律八折"的优惠活动，就可以吸引用户购买。

Tips：社群卖货小工具

甩货宝宝

甩货宝宝是由腾讯投资的，具有为运营者提供货源、流量聚集和订单成交三个功能。运营者可以将产品链接分享到社群，引导用户购买。

嗨团

嗨团是一个提供团购服务的平台。运营者建立社群后，可以在群里分享嗨团提供的产品链接，用户下单后获得分成。

好券推手

优惠券的裂变效果是非常好的，运营者可以利用好券推手，将产品的优惠券分享到社群中，有需要的用户就会领券购买，运营者获得分成。

社群规模扩大后，运营者还可以深度挖掘用户价值。例如，社群中的用户来源于购买女装的客户，除了穿衣需求外，你还可以挖掘她们对化妆品、零食、减肥产品等的需求，并为其提供产品，扩大产品种类。

2. 会员变现

用户进入社群后，必须支付一定的费用，才能成为正式会员，参与社群活动和享受社群服务，这种变现方式就叫会员变现。

现在很多社群都创建了自己的会员体系，例如新媒体写作达人粥左罗，粉丝数量达到50万后，便成立了自己的社群。用户想要进入社群，必须支付一年的会费299元。每年仅通过会费，粥左罗就能变现200多万元。

对于社群成员而言，群主本身就是KOL（Key Opinion Leader，关键意见领袖），具有势能优势，即使需要付费，群成员也可以接受。会费也是社群的筛选门槛，通过收费将有共同价值观和目标的人群聚合到一起，提高社群价值。

运营者想要通过会员变现，必须建立一个完整的社群体系，下面我们来看下具体实施过程。

首先，必须有一个KOL。

没有人愿意为没有价值的东西花钱，想要让用户心甘情愿地花钱，运营者必须找一个有号召力和信服力的KOL。

例如，罗振宇推出个人脱口秀节目《罗辑思维》后，不但吸引了大批的粉丝，而且成为知识领域非常有号召力的KOL。紧接着，罗振宇推出了得到APP，并且实行付费会员制。普通会员年费200元，铁杆会员年费1200元，5500个普通会员名额只用6小时就售罄了。

运营者想要建立会员体系，首先要让自己成为社群的KOL，或者和知名大V合作，打造社群的灵魂，提高社群凝聚力。

其次，打造会员付费矩阵。

以前的会员等级，一般是分为钻石、黄金、白银三个层级。现在的会员付费，则是结合了消费价值、个性表现和社交影响力等进行立体化切分，形成多维度的付费矩阵。例如，常见的视频会员，不仅将会员等级划分为黄金和钻石，还进一步将用户等级细分为V1-V7。用户可以根据使用会员天数升级。

下面，我们以得到APP为例，看一下它是如何划分会员付费矩阵的，如表6-11所示。

表6-11　得到APP会员付费矩阵

名　　称	详情	服务明细
垂直维度	数量	1
	名称	听书VIP
	划分标准	按付费标准
	差异	会员权益
	有效期	按照套餐付费有效期计算
水平维度	名称	学习小组
	划分标准	经济、军事、读书等领域及相关订阅专栏组成的学习小组
	差异	不同圈子的讨论内容
会员会费	一年	365元
	月	48元
	连续包月	35元
	试用	7天0.1元

最后，设计会员权益。

会员权益和会员等级是相辅相成的，若是用户花了钱却没有享受到该有的服务，就会产生被欺骗的感觉，而直接退群。当用户成为会员后，一般可以享受下面几种权益，如表6-12所示。

表6-12　会员权益

权　　益	内　　容
会员尊贵标识	特殊标记
会员专属资源	热剧抢先看 专属资料下载
内容付费优惠	免费听书 会员书目免费 每月4张优惠券 付费影片半价 第二年续费半价
增值服务体验	去广告 下载加速 更换皮肤 定制书单

续表

权益	内容
限额活动	网剧探班 明星见面会 现场演唱会 大咖见面会
会员专属服务	生日礼包 成长任务 签到有礼

运营者可以根据会员的需求，定制会员权益，让会员感觉自己受到了重视，就会愿意为社群内容付费。

3. 广告变现

社群广告变现的本质是把社群当作广告投放渠道。成熟社群的优势在于群成员的高精准和高互动，如果广告产品和社群成员能实现精准对接，广告也是社群变现的一种方式。常见的广告变现方式有两种，一种是硬植入广告，另一种是软植入广告。

硬植入广告：这种模式，常见于优惠券社群，如图6-13所示。运营者建立社群的目的是发送各种产品的优惠券，用户进入社群的目的是领取优惠券，以更低的价格购买需求的产品。所以，运营者直接在社群中打广告，能够取得最好的效果。用户领券购买产品后，运营者可获得佣金。

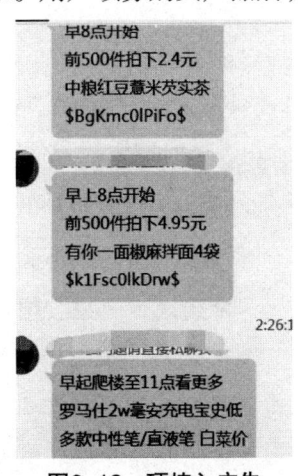

图6-13 硬植入广告

软植入广告：相对于硬广，软植入广告可以更巧妙地融入环境中，既可以给用户留下深刻印象，又不会显得突兀。软植入广告就是将广告以社群内容、社群活动的形式展现在用户面前。比如，在很多自媒体文章中，广告与内容深度吻合。用户看后，一点儿都不觉得广告内容生硬、突兀。只有做到这样，用户才更有可能买账。

4. 附加服务变现

附加服务，就是运营者通过社群为用户提供更专业、更有效、更私密的信息服务。比如，用户玩王者荣耀时，可以免费对局游戏，但想要获得好看的皮肤就必须花钱购买。这种变现方式，正广泛应用于社群运营中。我们以"心理咨询社群"为例，看一下具体操作过程。

运营者建立社群后，可以在一些心理平台，如壹心理、心情香蕉、简单心理等进行引流，吸引用户进入社群，进行变现。

附加服务变现的形式有很多，除了线上解答问题外，还有提供行业资讯、资源对接、连接高档人脉等服务。运营者可以根据社群属性，一一尝试。当用户购买附加服务后，对服务的要求会呈"阶梯型"增加。运营者可以随着用户需求不断递进，提供更加精准和价值更高的服务。

■ 提升社群复购的四种心理

社群卖货，攻心为上。你只有弄清楚用户购买产品的心理，才能做到天天爆单。下面，我们来看一下常见的用户心理有哪些。

1. 从众心理

从众心理，也被称为羊群效应，在一群羊面前放一根木棍，让第一只羊跳过去，第二只、第三只、第四只……也会跟着跳过去。这时，即使你将木棍拿走，后面的羊也依然会做跳跃动作。

生活中，很多人的行为都会受到外界的影响，从而让自己的判断、认知表现出符合多数人的行为方式。比如在外面逛街时，人们看到某一店铺前排了很长的队伍，就会不自觉地也去跟风排队。

从众心理，在社群卖货中多有应用。比如，"@某某，你是第10位购买产品的用户，除了产品，还将获得神秘大礼包一份。"这种设立标杆的行为，可以激发用户的从众行为。也可以在社群中发送产品月销量截图，目的就是告诉用户，这款产品很畅销，已经得到了很多其他用户的认可，可以放心购买。还可以定期跟踪回访购买产品的用户，与其互动，获取用户反馈，然后，将这些用户反馈发送到社群中。真实的用户反馈，可以让群内用户产生"别人用过说好，那我也买来试一试"的想法，然后下单。

2. 攀比心理

攀比心理也被称为面子心理、妒忌心理。研究表明，消费者的消费行为可以相互激活，导致互相攀比的现象产生。

这种心理，是基于用户对自己所处阶层、身份及地位的认同，他们选择的参照对象为同阶层人群表现出来的消费行为。社群，是拥有同种兴趣、需求的人的聚集，用户圈层差别不大，非常适用攀比心理。

具体做法是与同类用户进行比较，这更能激发用户的攀比心。例如，你运营的产品是职场技能培训课，目标用户为职场白领，就可以将用户与周围的同事进行对比；你运营的产品是童装，目标用户是宝妈，就可以将宝妈的孩子与同龄儿童进行对比……还有就是强调产品的普遍性，让用户产生"别人有了，我也必须有，否则就是落后"的心理。

3. 占便宜心理

研究发现，喜欢占便宜的人心理上都有较强烈的占有欲望，当他们成功占到便宜后，心中便会产生满足感。在这种满足感的促使下，他们会产生冲动性消费。

通常来说，商家常用的各种优惠促销活动，利用的都是客户占便宜的心理。社群运营中同样可以利用这一心理来进行变现。那么，一场成功的社群促销活动，到底应该怎么做呢？

首先，选择促销时机。

策划社群活动时，运营者要选择正确的促销时机。社群刚上线产品时，社群活跃度会经历四个时期，如图6-14所示。

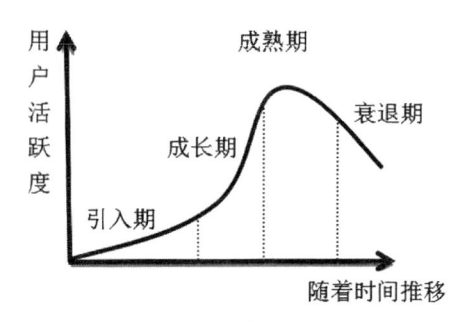

图6-14 社群活跃度走势图

引入期：社群刚上线产品时，关注的用户少，不需要做促销活动，运营者最重要的是塑造产品价值。

成长期：用户对产品有了一定的价值认知度，运营者可以尝试推出一两个促销活动，提高产品人气。

成熟期：用户活跃度最高峰，运营者可以推出多种促销玩法，促使用户下单。

衰退期：产品的价值感下降，用户活跃度降低。运营者适时推出新产品的促销活动，并与旧产品进行捆绑销售。

促销活动，尽量选择在热门节日、纪念日或大事件等时间进行，既给用户一个参与理由，又方便活动借势。

其次，选择促销方案。

常见的社群活动促销方案有下面几种：

满减促销：用户购满规定价格，获得一定的减价优惠，叠加无上限，如图6-15所示。

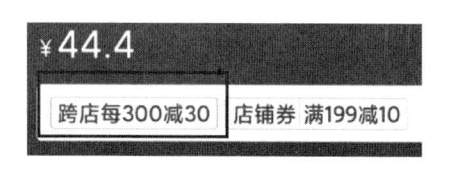

图6-15 满减促销

满赠促销：用户购买产品，获得赠品，如买一赠一、买100赠100等，如图6-16所示。

图6-16 满赠促销

多买优惠促销：在规定金额内，用户可任选多件商品，如99元5件。

打折促销：全场五折，如图6-17所示。

图6-17 多买优惠促销

优惠券促销：发放大额优惠券，用户购满金额可以直接抵扣，如用户领取100元优惠券，满500使用，实付400元，如图6-18所示。

图6-18 优惠券促销

最后，确定活动促销方式后，运营需要提前在社群中预热活动，引起用户的兴趣。在促销的过程中，运营者要标明商品的原价，与促销价格形成鲜明的对比，如图6-19所示，突出活动优惠，让用户产生不购买产品就会吃亏的心理。

图6-19 突出优惠

需要注意的是，占便宜心理，并不是让客户买到便宜东西，而是让客户产生占便宜的心理。比如，你的产品价值50元，售价为50元。这是便宜商品，但并不会让用户觉得占到了便宜。但是，你的商品价值100元，售价仅为50元，就会让用户认为占到了便宜。

在设计活动时，为了不亏本，运营者首先要放大产品价值，即预留40%的价格空间来进行促销，满足用户的心理预期。

4. 恐惧心理

恐惧是人们的一种心理状态，是指当人们面临某种危险情境时，想要摆脱又无能为力进而产生恐惧的情绪体验。当用户产生恐惧心理时，就会迫切地想要找到解决办法。运营社群时，你可以运用恐惧心理，达到卖货的目的。

例如，你运营的是母婴社群，对于孕妇而言，很多电子产品都具有辐射。你可以在社群中讲明辐射对孕妇和胎儿的危害，顺势推出"孕妇防辐射衣",并且详细解说防辐射衣的优点,如图6-20所示。在这种心理的支配下,很多孕妇都会购买防辐射衣。

图6-20 求安全心理广告

运用此心理最重要的是找到恐惧点,即用户害怕什么。每个人的恐惧点不同,运营者可以根据用户性别、职业、年龄层、阶层来划分。如,女性面临变胖、变丑、青春流逝等危机;中年人面临职场危机、房贷、子女教育等问题;白领面临裁员、升职、技能不全等危机……

5. 权威心理

权威效应,也被称为暗示效应。人们总是将权威机构、权威人物的行为当作是正确的楷模,并不自觉地相信和服从,增加自己行为的安全系数。

从消费形态分析,消费者十分推崇权威人士。在决策时,情感会远远超越理智,从而产生冲动消费。

运营社群时,你可以通过权威心理将产品人格化,让用户无理由地选择产品,进而达成产品的畅销。增强权威性的方法有学校、政府、医院、科研机构等权威机构背书,专业的包装、专业数据、获得的荣誉、专家背书等。

六、"网红+社群"变现

随着互联网的发展,"网红经济"甚嚣尘上。但是,网红的可替代性太强,今天火了,明天就可能被他人替代。尤其是随着网红行业经历了爆炸式的增长高潮期后,流量红利逐渐消失,单靠包装、炒作,很难再获取粉丝和实现流量变现。

安迪·沃霍尔曾说:"人人都可以成名15分钟。"但是成名以后的运营,才是最关键的。一旦网红出现了不可预估的意外,无法持续产出内容,那他的整个运营体系就会顷刻崩塌。"网红+社群"营销,完全可以解决这个问题。网红必须打造自己的粉丝社群,也就是构建自己的私域流量池,才能实现变现。

网络红人"雪梨Cherie",在微博上拥有千万粉丝。她发布的大部分内容,都是穿着不同服饰的高颜值照片,并且会在文案中写"晚上直播间上架",或直接给出链接,如图6-21所示。

图6-21 网络红人"雪梨Cherie"

私域流量的运营是可逆的，运营者可以平台流量转化为私域流量，也可以通过私域流量来带动店铺销量。就像"雪梨Cherie"的操作一样，先成为网红，然后开设自己的淘宝店铺，以自己的名气带货。

把网红因为个人名气吸引来的流量放到私域流量池里，比如拉到一个微信群里，再通过直播的闭环生态进行社群运营，可以实现个人品牌和商业价值。而且塑造用户社群，还可以提升对粉丝的持续吸引能力。

网红打造粉丝社群，具体方法如下：

- 塑造品牌

品牌是指消费者对产品的认知程度。消费者对产品认知度越高，越容易变现。网红想要持续变现，就必须将自己塑造成品牌。

上海有一个减肥网红，努力钻研研发出了果蔬代餐粉、酵素产品，创立了自己的品牌。他将自己的瘦身经历作为品牌故事，并在朋友圈、同事群中转发，圈粉同事、朋友，形成口碑后，他开始利用微信群引流、转化、裂变，并快速搭建商城，进行产品售卖。

- 整合资源

现在的自媒体有很多，如今日头条、微博、百家号、小红书、抖音短视频等平台，都是私域流量的来源。运营者前期可以挑选两个自媒体账号运营，并将产品分享给关注账号的粉丝。当运营者熟练掌握了营销模式后，可以多运营几个自媒体账号，将账号的所有粉丝整合到一起，提高粉丝的基数，自然就能够提高转化率。

第七章

私域流量+直播变现的新玩法

一、私域流量直播平台

2019年，电商主播李佳琦和薇娅成功出圈，直播带货开始兴起。2020年，在全球疫情的影响下，直播带货成了流量变现的风口。目前直播的形式有两种，一种是公域流量的直播，一种是私域流量的直播。

所谓公域流量直播，就是企业或商家没有属于自己的私域流量池，借助第三方平台做的直播。网红和明星的直播多属于此类，比如，董明珠在抖音做直播。但在这些公域流量平台，一些直播经过努力，逐渐形成了基于平台的私域流量池。比如像薇娅、李佳琦等。一些普通商家经过积累，也逐渐在公域流量平台积累起了自己的私域流量。这一部分依托于淘宝、快手、抖音公域流量平台的私域流量池，在目前来说是比较常见的。

所谓私域流量直播，就是企业或商家有自己的私域流量池，如自建的APP、微信群、小程序等，在这些私域流量池里，企业、商家完成直播。

随着全民直播时代的来临，直播已经成为私域流量平台的标配功能。下面，我们具体来看。

■ 腾讯直播变现

腾讯现有用户的日活量是11亿，具有无可匹敌的流量优势。于是，背靠微信小程序的开放生态，腾讯直播玩起了独特的去中心化打法。因为没有中央分发，腾信直播的核心就是私域流量。它通过商家和好友自己的社群为直播入口，这样直播间始终都是处在私域流量中，不应担心被头部资源抢流量。然后，用户通过分享再把直播间的流量逐渐向公域流量扩散。

2020年7月20日,腾讯直播开启免费直播卖货模式,吸引了大批商家入驻。

1. 腾讯直播是高效的私域流量变现工具

我们说腾讯直播是最高效的私域流量变现工具,为什么这么说呢?原因有以下几点:

(1)腾讯直播依托于小程序,可以直接打开,无需下载。直播端在腾讯直播APP上,观看端在微信上。

(2)开账号就能直播,不需要养号。

(3)属于微信生态,可以在直播间加微信,引导裂变。这个功能是非常强大的,商家可以做一个大的背景墙,一半是品牌照片,一半是二维码图片。其他直播平台都不允许这个,但腾讯直播可以。

(4)支持用户在观看直播的时候进行微信聊天,其他平台都不支持这个功能。

(5)可以跟微信群打通,做分销容易。

(6)可以指定部分人群看,做粉丝分类。

(7)除了私域流量外,还有公域流量加持。

2. 腾讯直播开通条件

(1)企业营业执照照片或扫描件,缴纳599元/年的认证费用。

(2)法人身份证的正、反面照片。

(3)微信私域粉丝数量大于500(通讯录好友、公众号订阅粉丝、微信群粉丝均可)。

(4)珠宝类需要提供产品国检证书。

(5)下载腾讯直播APP。

需要注意,申请开通一周内必须完成首播。时长大于等于1小时,人气大于等于500。

背靠微信这个巨大的社交平台,无论从平台环境,还是流量体积来看,腾讯都是最适合做私域流量直播的平台。

3. 腾讯高效直播带货的秘籍

（1）信息群发

在微信辅助功能里有个群发助手，建议把所有用户都群发一遍。如果有群，每个群都要发一遍。

（2）朋友圈分享

直播前两天开始发朋友圈，可以频繁一点，以对抗效果弱化的劣势。最后几个小时候要在朋友圈倒计时……

（3）滤镜的设置

在直播页面点击美颜、镜头、镜像按钮，就可以完成对画面效果的设置。

（4）沟通建立信任

可以建立直播粉丝群，与给予优惠引流来的粉丝进行初步沟通，建立信任。

（5）裂变活动设置

可以设置整点抽奖、定时特价、限量秒杀、转发红包、优惠券赠送等引流裂变。

（6）成交维护

点击发言用户头像或昵称"任命管理员"，可以进行禁言、移除他人、添加、删除商品等操作。

（7）分享直播链接

开播后，点击右下角的按键，尽快将直播链接分享出去，比如发在朋友圈，以及各个群里，同时鼓励大家帮你转发。

另外，记住一场腾讯直播只卖一个产品，时间建议做两个小时。内容策划上建议做多维度、多角度地讲解和对比。

■ 淘宝直播变现

淘宝、京东和拼多多三大电商平台中，淘宝直播是最成熟的。淘宝本身是公域流量平台，商家通过努力将一部分公域流量转化为私域流量，通过维护获得复购。

2016年3月，淘宝直播上线，分别可以通过淘宝APP和淘宝直播APP进入。淘宝直播是淘宝私域流量的重要载体，一个直播间一天就能引导成交额过亿，变现能力很强。

虽然淘宝直播人气很旺，但一些新主播仍然面临着无人观看的尴尬。下面，我们来看看淘宝直播都有哪些技巧？

1. 直播预告

在淘宝，有了直播权限，从第一场直播开始的第一周，是直播的扶持期，淘宝会给予一定的流量。做好预告，可以带来不错的流量。直播的产品、标题、标签、步骤都需要详细规划，然后发预告，为直播活动预热，这样有利于获得直播浮现权。

2. 产品款式要好

淘宝直播间一般女性居多，她们多为视觉型消费者，对款式的要求很高。除了便宜，好看的款式更容易吸引她们。

3. 产品多样化

要留住老粉丝，并让她们不断复购，就必须让产品多样化。比如你是做童装的，卖儿童羽绒服、毛衣，当然还可以卖儿童帽子、围巾、打底裤等。

在产品结构设置上，重点的爆款产品尽量设置搭配款。同时，产品要应季，符合当下需求。

4. 积极互动

和粉丝的互动很关键。如果有新人进入直播间，请喊出粉丝的名字，表达感谢。直播过程中，可以发起话题、猜价格、卖关子等，来引导粉丝参与互动。对于粉丝的提问，主播更要热情回答。

5. 直播时间

如果是新手，或者产品比较单一，直播的时间适合轮流直播时间段，即上午场、下午场、晚上场和夜里场，轮流播。黄金时间点一般为11:00-13:00，15:00-17:00，20:00-23:00。主播可在具体尝试直播后，看哪个时间段流量比较大，来确定自己的黄金时间段流量。

万事开头难，刚开始做直播时，没有粉丝，没有浮现权，都是正常的。最重要的是坚持，坚持，不断积累经验，积累粉丝，变现之路水到渠成。

■ 抖音直播变现

2020年8月，抖音官宣，抖音国内日活跃用户数达到6亿。作为当下炙手可热的社交平台之一，抖音自从开通了直播功能，直播带货就成了抖音私域变现最重要的模式之一。

抖音开播必须满足一定的条件，具体的操作步骤如图7-1所示。

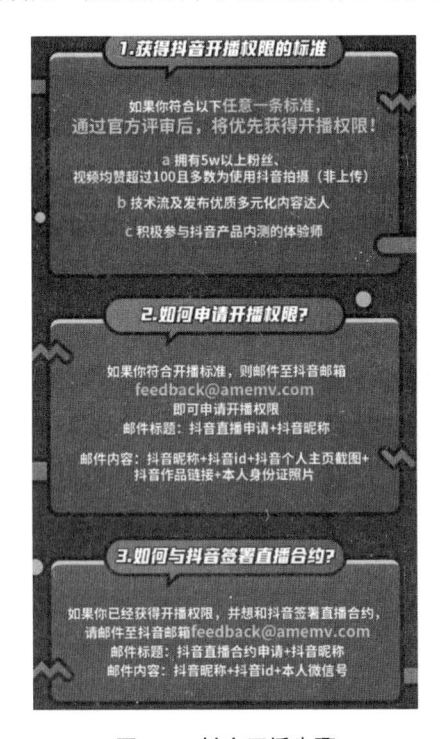

图7-1 抖音开播步骤

当你通过了抖音官方的审核以后，就可以开始直播了。在直播的过程中，可以引导直接购买，也可以通过客服软件抖小助，通过互动回答回答粉丝的提问和咨询，导入真正的私域。

另外，需要注意的是，抖音直播带货成功的前提是需要有一定的粉丝基础，就是抖音的私域流量越大，变现的效果越好。因此，除了前期要养号外，做直播的时候也需要提升直播间的人气。

1. 提前做直播预告，通知粉丝届时来观看。最好把直播的时间段固定下来，标注在账号上，更方便记忆。

2. 借助自己的人脉和养的小号帮助提升直播间人气。

3. 抓住时机，当有短视频走红时，就及时开直播，吸引用户进入直播间。

4. 利用抖音的dou+付费推广，吸引更多粉丝。

■ 快手直播变现

"10个人中，就有1个人在快手上赚钱"，并不是一种夸张的说法。2020年5月10日，格力CEO董明珠在快手直播带货首秀的成交额突破3亿元。

快手变现能力强的根本原因在下面三个方面：

1. 用户红利

用户是变现的基础，用户越多，创作者变现越容易。快手的庞大用户群，恰好可以给创作者提供更多的变现机会。

用户基数大：截止到2020年，快手的注册用户已超过7亿，庞大的用户基数，为创作者提供了足够的流量。只要创作者的内容和产品能够引起用户的兴趣，用户就会埋单。

用户活跃度高：快手更像是一个普通人分享日常的社区，就像是我们常用的朋友圈一样，每个人都可以在上面找到共鸣，也更具有社交性。

用户偏向年轻化：快手的用户群体约81%为"90后"，他们熟悉网络，喜欢在网上社交，且是网上购物的主要群体。

2. "老铁"红利

"老铁",就是指"老朋友",代表两个人虽然素未谋面,但是他说的话你会感兴趣,也愿意继续聊下去。

"老铁"是快手最独特的标签,并且自身发展出了"老铁经济"。

2019年6月18日,快手主播"宝哥"拉了一卡车的洋葱出现在河北沧州附近的一个小集市上。这些洋葱是他帮着一位老板运到北京售卖的,结果两天才卖了不到一半。天气太热,洋葱不易存放,"宝哥"便收购了剩下的洋葱。

将洋葱拉回家后,在快手拥有408w粉丝的"宝哥"发了一个短视频,视频中他讲明了洋葱的来源和售卖地址,并希望能够获得老铁们的支持。

第二天,他将洋葱拉倒集市,只用了半天,就将16吨洋葱销售一空。甚至有粉丝驱车几百公里过来,就为了买一袋洋葱支持"宝哥"。

快手自身积淀的"老铁文化",形成了一种高黏性、高信任、强社交的粉丝生态。在这种生态下,粉丝会积极与创作者互动,并购买自己需求的产品。

3. 流量红利

互联网变现,其实就是流量的变现。流量的载体只有两种:关键词和关系链。在整个流量池中,关键词分发为驱动,以阿里巴巴和字节跳动为代表;关系链以社交为载体,以腾讯为代表。从快手的营收报告来看,60%的收入源自直播,属于关系链流量池。

快手可以为创作者提供强大的流量支持,主要表现在两方面:一方面,快手本身不断寻求流量增长,在日活已超过2亿的基础上,立下实现日活3亿的目标,并不断朝着这个目标奋进;另一方面,快手在不断完善平台内的内容生态,推出了"光合计划""寻找美食代言人""做个快手菜"等活动,扶持优质内容生产者。

创作者参加快手活动后,可以迅速获得大量的平台流量,卖出更多产品,实现变现的目的。

不过，在快手直播带货变现能力强的不仅仅是企业名人、明星、网红，还有素人主播。"农村小邵哥"在快手上拥有27.1w的粉丝，账号上发布的内容主要与蜂蜜有关，他卖的产品也是蜂蜜。

仔细观察他的账号，可以发现他的粉丝活跃度和忠诚度非常高。每次发布作品和直播时，粉丝都能积极与他互动。

除了在快手上卖货，"农村小邵哥"拥有15个微信号，他将快手上的粉丝引流到微信上，只要成交一单，就可以赚170元。只有二十几万粉丝的他，只靠卖蜂蜜一种产品，每个月的收入就能稳定在七十万。

那么，快手主播如何提高直播间人气，从而提高变现能力呢？下面两个方法可以借鉴：

1. 与他人PK

快手直播，有一个功能是与他人连麦PK。主播与其他主播连麦，由直播间粉丝赠送礼物。最后，获得礼物多的主播胜出。与他人连麦，不仅可以增加直播内容的趣味性，提高观众的参与感，而且连麦不同人，可带给观众更多新鲜感。

2. 拜师父

在新手期，主播可"拜师学艺"，拜某位红人主播为师父。拜师成功后，师父会带着徒弟一起直播，增加徒弟的知名度，积累原始人气。同时，师父还会传授一些直播技巧，帮助徒弟快速渡过新手期。在选择师父时，主播尽量选择知名度比较高，且愿意收徒的红人主播。

二、私域直播变现的方式

电商直播是当下直播变现的最常用手段之一，变现方式分为导购竞拍和链接商城两种，下面我们来具体看一下。

■ 导购竞拍

顾名思义，导购竞拍分为两部分：导购，即主播直播带货；竞拍，即主播直播竞拍卖品。

1. 导购

现在电商主播有很多，如薇娅、李佳琦、张大奕等，都是人气非常高的电商主播。他们不仅拥有自己的淘宝店铺，而且每次直播时，会承接各种品牌，利用自己的人气，进行产品推销。据统计，每次双十一，他们的直播间的销售额短短几分钟就可以达到好几亿元。主播不仅可以通过直播自己店铺的产品进行变现，而且直播带货其他产品，还可以参与销售额分成。

2. 竞拍

竞拍是指主播在直播间中展示产品，并讲述商品的基本特征。然后，主播会给出一个起始价，想要购买产品的观众各自竞价，最后价高者获得产品，如图7-2所示。

图7-2 竞拍

3. 主播导购技巧

很多新手主播会遇到这样一个问题：直播间的人气上来了，但是粉丝的购买率低，停留时间也短。因此，主播在直播带货时，要注意技巧，刺激用户下单。

定期发福利：优秀的主播，不仅会给粉丝介绍产品，而且还会定期给粉丝发放福利，让粉丝获得"好处"来增加粉丝的留存率。主播可以在直播间设定，点赞多少或亲密度达到多少，就可以领红包或抽奖。在发福利时，主播要注意控制成本，在时间上错开各种福利，一个小时一次最好。

全方位展示产品信息：在导购的过程中，主播需要全方位展示商品细节信息，并解答用户关于商品的各种疑问。主播解答越全面，粉丝对产品售前信息越了解，对主播的信任感越强，越能促进商品的销售。

讲述使用心得：主播推销产品的时候，可以为粉丝展示商品的使用技巧方法、使用注意事项以及使用后的效果等。并且，主播需要告诉粉丝，产品使用后的心得，引导粉丝下单。在直播的过程中，主播需要及时为粉丝解答问题，在粉丝面前树立专家的形象，赢得他们的信任。当粉丝建立了信任后，有了需求会首先考虑购买主播的产品。

营造记忆点：主播在直播的过程中，需要为粉丝营造一个记忆点，只要粉丝遇到这个记忆点，就会情不自禁购买产品，主播即可达到变现目的。如，李佳琦每次直播时，常用的口头禅就是"OMG"，这就为所有粉丝打造了一个超强记忆点。每当李佳琦喊出这句话时，就制造了一个焦点瞬间，粉丝听后会反应：他要卖好东西了！然后，会迅速下单买进。

■ 链接商城

链接商城就是通过主播给出的链接直接跳转到某商城，购买产品的过程。随着直播行业的不断发展，链接商城的方式越来越多，下面我们来具体看一下：

1. 直播间链接

主播直播时，直播间的右下角会出现商品链接，粉丝在观看直播的同时，若是对商品感兴趣，便可以直接从右下角的商品跳转购买，如图7-3所示。这种情况，一般是商家主播没有自己的线上店铺。若是粉丝通过主播链接购买商品，主播可以获得分成。

图7-3 直播间链接

2. 自营网店

当主播有了一定的人气后，便可以开设自己的线上店铺，同时在直播间、短视频和个人主页中添加商品链接。粉丝点击链接后，便可直接跳转购买。

自营网店比较成功的主播应该就是"李子柒"，她在自己的直播间、短视频和个人主页都加上了商品链接，用户点击即可跳转到淘宝店铺购买产品，如图7-4和图7-5所示。

图7-4 李子柒网店主页　　图7-5 李子柒网店商品

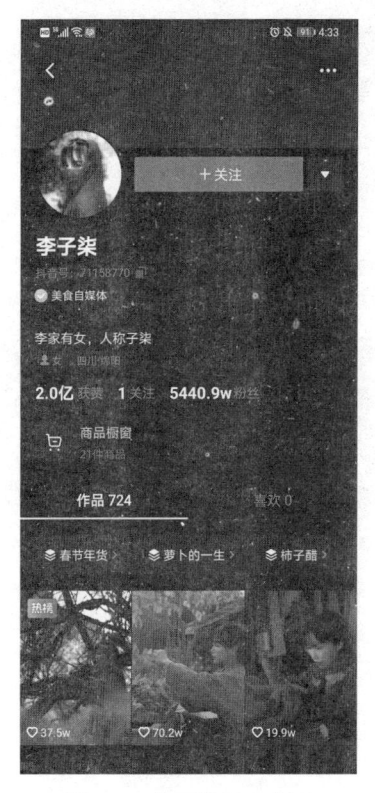

这时，店铺的所得收入全部属于主播，不需要和平台分成。因此，自营店铺的主播上架的产品需要保证质量，在粉丝中树立良好的口碑。这样，即使产品价格贵于其他品牌，销量依然会很高。

3. 产品代销

若是主播身边有资源，便可以直接代销产品。如抖音达人"乡村胡子哥"，在抖音开设了自己的橱窗，出售各种短视频和直播时出现的产品，如图7-6所示。

抖音橱窗开设条件：主播只要在抖音上发布超过十条视频，然后进行实名认证，就可以建立自己的电商橱窗。主播在抖音上发布短视频的同时，也需定期开直播，引导粉丝购买产品。

图7-6 产品代销

■ 内容付费

在知识经济时代,人们的时间越来越碎片化,学习越来越跨界化,内容付费逐渐流行起来。一对一直播、在线教育等付费直播逐渐成为人们生活的常态。知识渊博的主播,可以凭借"付费问答"和"付费课程"两种模式来实现流量变现。

1. 付费问答

付费问答的变现方式有三种:第一种是观众付费向主播提问,得到满意答案后,主播即可获得赏金;第二种是主播设置直播门槛,观众购买门票后才可以进入直播间,并向主播提问;第三种是计时付费,即观众可以在一段时间免费提问,若是想要继续提问,必须支付费用。

第一种普通直播方式很简单,我们这里无须多说,下面我们来重点讲一下第二种和第三种方式。

2. 购买门票

罗辑思维创始人罗振宇将《罗辑思维》全面改版，不仅由视频变为了音频，而且所有节目只能在得到APP上看。用户想要收听、提问，必须要成为得到APP的付费用户。

3. 计时付费

一直播的付费问答直播采用的就是计时付费模式，发布付费直播的主播可以自行设置观众入场观看金额。观众观看付费直播时，可以免费观看60秒，60秒后需要支付入场费，才能继续观看。

"知识就是金钱"，随着付费直播平台越来越多，主播可根据自己擅长的内容来自由选择。开始，主播要借助付费平台，比如由知乎推出的值乎、知了问答、千聊等。当积累了一定的人气后，就可以构建自己的私域流量，比如建一个专门的微信群，在其中做直播。维护好，它就是你自己的永久资源了。

当然，主播想要实现付费问答变现，需要不断提升自己的能力和专业知识。这样，才能在用户提问时，给出专业的回答，获得赏金。

三、直播间的营销技巧

掌握下面这些营销技巧，你也能引爆直播间，实现一播万单。

■ 价格锚定效应

所谓锚定效应，是指人们在做出判断决策时，容易被第一印象或第一信息即初始锚所影响。举个例子，在超市，随处可见的打折商品上，在原价上打上删除线，旁边标注上打折后的价格。相比较而言，顾客觉得打折后的价格太划算了，进而忍不住想去购买。

在直播间，主播也常会采用超高的锚定价格，让粉丝感受到活动价格的冲击力，然后因为产品的性价比高而抢购。比如，主播说："原价2680，今天在我的直播间只要268！"虽然最后的成交价是一样，但使用锚定价格销售和直接价格销售，转化率完全不同。

这也是主播为粉丝砍价兴起的原因，货主给出一个价格，经过主播狠狠地砍价后出现的价格差，会让顾客非常心动。比如，主播帮客户把开价12万的翡翠，砍价砍到8000，你会不会觉得占了巨大的便宜？即便有时候顾客明明知道就是套路，仍然会购买。

■ 饥饿营销

所谓饥饿营销，是指商品提供者通过有意调低产量，来调控供求关系，制造供不应求的"假象"，以达到维持较高售价和利润率的目的。说通俗点，饥饿营销玩的就是稀缺。例如"口红一哥"李佳琦在直播间卖货策略，就是限定每一件商品的销售量。

在李佳琦的直播间，这样的场景每隔几分钟就会上映一次："所有女生，迪士尼娃娃已经补货来咯，你们赶快抢，白雪公主还有300个，小美人鱼还有100个……刚调来了1000多个，大家自己去拍。"然后，不到15秒，刚补的货就再次被清零。

"总共2万套，还剩1000套！""抢到就是赚到"！"卖完了！"这些刻意的提醒能营造出紧张感，给争夺商品的激烈气氛加码，促使更多的粉丝下单。

饥饿营销目的的不只是为了调高价格，更是为了提高品牌的高附加值，并为品牌树立高价值的形象。

在直播间，饥饿营销称得上是最常用的营销套路。"今天限量1500单，手慢无，抢不到的也不能挑我理！"是不是很熟悉？限制库存量，抢完就下架，实在要求强烈就"勉强"加货，这是主播为了营造产品超级受欢迎的常用手段——秒杀。

下面请看主播秒杀步骤解析：

1. 给秒杀一个好理由

就像请客吃饭，如果没有一个好理由，客人就很难到位，因为别人不知道为何要吃你这顿饭。秒杀亦然，如果主播连一个秒杀的理由都给不出来，就很难让人心甘情愿地去抢购。

2. 主播剧透有限

让粉丝知道库存有限，这个很关键。如果你让粉丝觉得库存无限，随时欢迎购买，那就别怪粉丝没有一点激情。剧透库存量多少？因为预先并不知道能售卖多少，所以有限的库存量只能按照之前统计的日常转化率来确定。比如，直播间在线人数是1000人，平时转化率是200，那库存量可以设定180。如果主播刚开始玩，库存量尽量定得更少。

3. 主播上链接，产品被秒下架

链接刚上，预设库存还没抢完，产品忽然下架。一般这时候，会有粉丝反馈，产品抢光了。

4. 主播问商家怎么下架了

主播或者助理问商家，产品怎么下架了？商家回复，库存秒完了，或者前期冲量，只给多少件亏本卖。

5. 为粉丝请求加货

主播说还有粉丝没有抢到，请商家再加点量。商家说不行，不行，亏太多了。主播继续请求再加多少件，或者几分钟。

6. 加库存，再次秒完

在主播的"软磨硬泡"下，商家终于同意再加点货。产品上架，再次被下架。商家无奈回复，只能加这么多了。至此，整个秒杀活动圆满结束。

■ 抓住痛点

利用用户痛点进行带货时，需要注意三个关键点：

1. 问题能不能解决

创作者找到用户的痛点后，首先要考虑的就是自己的产品是否能够满足用户的需求。若产品可以解决用户痛点，就需深度挖掘产品的亮点。若产品不能解决用户痛点，创作者需立即更换产品，或挖掘用户其他痛点。

2. 性价比高不高

你可以解决用户的痛点，但是价格非常高，也不会成为用户的首选。所以，创作者需要提高解决问题方法的性价比。既能解决用户的痛点，又要让用户消费得起。创作者在降低成本的基础上，可以向用户提供更便宜的产品和服务，甚至提供免费产品吸引用户注意力，让其后期进行持续性消费。

3. 速度快不快

对于用户的痛点，我们不可能一次彻底解决。一般而言，用户的痛点是持续性的，你解决了老问题，还会有新问题出现。创作者必须提高满足用户需求的效率，快速解决用户的痛点，持续吸引用户的关注。

■ 粉丝福利

不送点福利，直播间的粉丝凭什么一直逗留不走？所以，主播必须在直播过程中，不断爆出福利刺激观众，从而提升消费率。福利形式多种多样，主播常用方式如下：

1. 发红包

也许大家在路上看到5毛钱你会瞄一眼不理睬，但是你在群里抢到0.01元你却会乐此不疲，因而在直播中，可善用红包营销，融入直播，转化企业以往营销不利的局面。

虽然主播发的红包金额一般都不大，但由于具有祝福意义以及"抢"的乐趣，所以能使粉丝们产生强烈的、即时的好感。为了更好地调动线上用户的参与度，促进销售转化率，主播发红包的时间段是有讲究的。直播开始前，发红包给在场的粉丝们，可以促使抢到红包的粉丝把链接分享出去，起到很好的预热气氛的作用。直播中，如果出现评论区太冷清，主播就可以"丢"红包出来，引燃评论区的气氛。直播中的红包可以设置为多轮，这样就能让更多的粉丝留下来。一般设置3轮或3轮以上的红包较为合适。

为了避免出现直播没结束，人却走光的尴尬场面，最后一轮红包的发放时间要设定在活动接近结束的时候。

2. 超级买赠

"今天给粉丝送超级大福利，拍1发12！"买1件收到12件，对粉丝来说，真是很惊喜。

例如，快手直播上，一位卖剃须刀的主播用的就是这个套路。价格99元的剃须刀，赠品有牙膏、牙刷、剃鬓角器、鼻毛器、吊坠、手串、充电宝等11件赠品，即拍1发12，粉丝会想光这11件赠品也得值不少钱吧，绝对称得上是超级买赠了。

用户都有占便宜的心理，超级买赠最大限度地满足了粉丝的这个心理，这就是人们总是倾向于买带赠品的商品的原因。

3. 付邮费免费送

当主播高喊："进直播间的老铁关注我，我给大家免费送价值168元的黄金叶！"你舍得离开吗？

大部分的人都经不住"免费"的诱惑，实际上主播说的"免费"并不免费，是需要粉丝们支付邮费的，一般会是10~12元。而送出去的产品除掉邮费（现在发快递一般不需要10元一单），除掉产品成本，多半还会有富余。结果是，粉丝只支付了邮费，主播这边还赚了不少。

这种营销方式适合用来留人，给其他产品赢得销售机会。当然，也有不少商家利用这个套路盈利。

4. 抽奖

对于各大直播平台那些不差钱的金牌主播，抽奖环节是他们真心实意回馈粉丝的一个机会，或者干脆就是花钱买点热度。

但更多的时候，抽奖也是主播提高收入的套路。主播一般设置的礼物都价值好几千，而粉丝参与抽奖只需要付出几元钱，如图7-7所示。

图7-7　粉丝抽奖

几元钱并不多，一般粉丝都会选择碰碰运气。但更多粉丝会为了提高中奖率，而选择多次抽奖。

■ 娱乐性

在这个全民带货时代，仅仅是玩价格差，要不了多久，粉丝们就会"视觉疲劳"。2020年，已经不能光靠饥饿营销、价格优惠来吸引和留住粉丝了。

直播营销的目的不只是让粉丝购买，而是边看边买边分享。要做到这一点，势必要做到让直播内容更具"娱乐性"和"趣味性"。就是给直播披上一层娱乐的外衣。主播若是端着架子，端着一张严肃的脸，是很难与粉丝打成一片的。让粉丝在直播间体验到快乐和开心，才能让他们长时间留在直播间。

例如，某白领说："看了一中午罗姑婆的视频，我又快乐了！"罗姑婆，一位68岁的四川农村老奶奶，靠幽默的"rap"吐槽和时不时的几句人生鸡汤，在抖音上收获了80多万粉丝。可爱的罗姑婆在收获众多粉丝后，也走向了"流量变现"之路。

有数据显示，罗姑婆带货视频爆款率高达93.9%。她曾为阿芙睡眠喷雾制作了一支种草视频，荣登卡思数据红人榜，带货在抖音当日所有红人发布的带货视频中，点赞量排位第9。

2020年，直播带货继续火爆，但已经不仅仅是带货，同时还要满足娱乐性的需求，内容丰富度正在提升。

四、带货主播的人设打造

粉丝们之所以在李佳琦的直播间买买买，除了价格低之外，还因为他坐实了"口红一哥"人设，是"比女生还会化妆的男生"。他的成名直播"一场直播试用380支口红"，显得他非常专业，因此他推荐的产品，粉丝心中就会认为"他很专业，所以他推荐的产品一定很好"，进而下单购买。

那么，什么样的主播人设更具带货力？逛了无数个直播间，我们总结出如下几个带货主播的特点：

- 专业

生活中，人们对于专家总是有一种盲目的信任和崇拜，在自己不了解的领域内，往往会将专家的话奉为"金玉良言"。若主播能以"专家"的形象出现在目标用户面前，很容易便能获得用户的青睐和持续

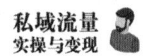

关注。

2019年，物理学博士李治林开始在B站进行直播，进驻B站仅仅三个月，就获得了超过30万的粉丝。

有一次，李治林博士在直播时，恰好遇到了森林火灾频发，于是，就给观众直播了一个反直觉的实验："烧纸产生的烟没有向上飘，而是像水流一样顺着纸筒向下流动。"

通过这个实验，李治林博士向粉丝讲解了在发生火灾的时候，遇难者不是被烧死的，而是死于窒息。同时，他提醒粉丝，如果遇到火灾，一定要用湿布捂住口鼻。

李治林博士的直播内容，专业而实用，因此越来越受欢迎。

随着一些网红在电商领域的崛起，很多人都误把电商直播当成是网红，甚至产生了偏见。其实，电商主播不等于网红，事实也证明，一个300万粉丝的网红带货能力，还不如一个2万多粉丝的专业带货主播。相比名气，带货主播的专业能力才有让人信服的能力，才更能赢得粉丝信任。

因此，带货主播要对自己的产品足够了解，最好在与产品相关的领域拥有专业背景，这是考量一个优秀电商主播的标准。

■ 有特色

作为一名带货主播，直播的内容就是推销产品。而在直播领域，电商主播有很多。有特色的人设，才能够被人记住。记住你的人越多，个人IP的能量就越强。

因此，主播不妨在一些未被发掘的人设关键词中，找到最适合自己的，然后不断加深，形成记忆点。一个人的特色一般可以从下面几个方面来提炼：

1. 语言标签

主播的用词、语气和说话风格等都可以成为其语言标签。例如，很多主播走的是萝莉风格，就可以利用变音功能将声音变得可爱，更符合自身形象，利于观众记忆。

例如，papi酱的视频，采用了吐槽的语气，变音的方式，开启了吐槽视频的先河，带给观众新奇的感觉，让观众觉得非常有趣，形成深刻的记忆点。即使后面出现更多吐槽式视频，人们记忆最深刻的依然是papi酱。

2. 个性标签

人格化标签，简单理解就是告诉别人"我是谁""我具有什么特点"。人格化标签，在生活中其实非常常见，例如，罗永浩的"知识贩卖人"、姚晨的"微博女王"、杨超越的"锦鲤"……都是人格化标签的一种表现。

独特的人格化标签，不仅可以帮助主播被更多人记住，同时，也是一种身份的象征，能够吸引更多感兴趣的用户。例如，超人气主播、个性主播、段子达人、唱歌天后、美食家等，精准吸引感兴趣的用户。那么，主播该怎样去打造人格化标签呢？

主播要善于对自身优势、特点、兴趣进行分析，比如，喜欢制作美食、擅长化妆、擅长讲故事和段子、声音甜美、颜值高、性格开朗等，都可以作为"人格化标签"的基石。

主播将优势、特点提炼出来后，需要将其放大，不断丰富其中的内容，成为独具个人特色的标签。例如，主播声音甜美，并且喜欢唱歌，那就放大这个特点，选择唱一些比较可爱和曲风比较甜美的歌，带给观众一场场听觉盛宴，打造"甜美歌手"的人格化标签。

3. 形象标签

每个主播，都有着不同的形象，如萝莉、女神、帅哥、可爱呆萌……这就是主播展现给观众的形象标签。形象标签，简单而言，其实就是"人设"，这是主播在网上的一个符号，让用户形成一个固定印象，方便他们记忆。打造形象标签，主播需要将穿衣、造型、说话方式、直播风格、头像统一起来，不要给观众造成违和感。

那么，主播该如何打造形象标签呢？

主播在塑造形象标签时，最重要的是贴合本身的性格特色。毕竟，主播每天都需要直播很长时间，需要和观众保持长期互动，若是表现出来的形象与原本性格相矛盾，带着虚假的人设枷锁，主播的身心都会陷入疲累之中。而贴合自身性格设置形象标签，只是将自身的某个特点放大，更容易投入进去。

现在喜欢设立人设的主播有很多，相同的人设过多，主播也很难出头。主播不妨在那些没有被发掘的人设关键词中，找到最适合自己，同时也能够获得观众喜欢的属性，并围绕这个核心属性不断添加内容，让形象标签变得丰满起来。

■ 强互动

新零售时代下，直播卖货一定是先社交、后成交。如果没有先建立一定的信任关系，单单靠优惠让用户下单越来越难了。因为你能给的优惠，你的竞品也能给，甚至给的更低。这时比拼的就是主播的互动性，谁做得更好。

直播本身具有强互动的特性，带货主播若能加强"互动"特性，可能会获得不一样的效果。

李佳琪直播，从不主动推销，只是不停和粉丝互动。一次直播的互动中，李佳琪对粉丝说"哇，好开心哦，希望这款Dior能够帮你找回自信"。李佳琦总是带着服务的心去服务粉丝，他的目的不是卖出多少口红，而是帮助多少人学会选择口红。带着这样的心态去服务粉丝，那么粉丝即便知道你在挣她的钱，也会心甘情愿。

直播时，互动性强的博主，带货能力会更强。直播，本身就不是一场个人秀，提高观众的体验，才能吸引更多粉丝。

下面我们来看一下主播必备的互动技巧。

1. 寻找共同话题

共同话题寻找，要根据观众而异，不过大多是从爱好、喜恶、身份等入手。

共同爱好：拥有共同爱好的人，往往会彼此视为知己。这一点，同样适用于直播。当主播与观众之间拥有了共同爱好，就会有源源不断的话题聊，主播不会冷场，观众也不会觉得内容枯燥。

共同观点：对于共同喜欢或者共同厌恶的事情，人们通常会保持一致的态度。按照心理学中的平衡理论解释就是：当你和我对待某一个事情的态度都为负数的时候，我们之间是正关系的可能性非常大。体现在行为特征上就是一起吐槽，对象可以是某一类人、某种价值观或者社会现象。主播如果能够和观众吐槽同一件事情，不但可以拉近彼此间的关系，而且也不会出现冷场。

共同身份：每个人身上都会有标签，如女儿、母亲、上班族、创业者等，共同的身份使彼此之间往往会有话题聊。主播可以从地域、职业、地位、群体等方面入手，如老乡的身份、粉丝身份、上班族、北漂等。

2. 丰富的肢体语言

新手主播在进行语言表达的同时，可以同步输出动作表情。不要认为这是一些小细节，在与观众互动的过程中，能够起到非常大的作用。

主播除了常规的微笑外，还可以增加这几种表情和动作：剪刀手、比爱心、吐舌头、卖萌等。在直播的过程中，还可以增加鼓掌来调动观众的情绪，增加直播间的气氛。主播在表达情绪和动作时，可以比现实中适当夸张一点，每个动作和表情延时几秒，加深观众接收信息的程度，及时与主播进行反馈。

直播间是主播和观众沟通互动的最重要桥梁，新手主播可以通过丰富的表情和动作来调动现场气氛，提高粉丝和游客的参与感，才能达到固粉和涨粉的目的。

3. 化解负面评价

直播时遭遇"黑粉"谩骂、攻击，即使是人气主播也不可避免。因为，主播不可能获得每一个人的喜欢。因此，新手主播在遭遇某些人的侮辱攻击时，不要惊慌失措，打破自己的直播节奏。可以通过一些小手段，轻松化解尴尬和难堪，如自嘲、转移话题、有意曲解等。

化解负面评价的方法有很多，主播可以通过网络、书籍、人际交往多积累一些经验，然后根据直播的实际情况进行化解。

第八章

私域流量+电商文案,引爆流量和成交

一、被疯狂转发的朋友圈文案

微信个人号是私域流量最常用的一个载体，现在出现了很多诸如"给你送快递，家没人，加我""老同学，好久不见了，通过一下""姐，我换微信号了""我是某某售后，年终免费给您补个礼物"等等，这类让人一眼就识破的套路，成功率极低。

无论是微信个人号的引流、裂变，还是产品的宣传，都可以借助通过对朋友圈的文案设计来实现。即，我们需要考虑的关键是，什么样的内容，或者文章可以让人愿意在朋友圈分享传播？

■ 唤醒情绪的内容

当面对那些乏味无聊的内容时，我们会昏昏欲睡，哈欠连天。而当看到让自己精神一振的内容时，像被注入了强心剂，很容易点击转发。

有一个设计文案，两张像书本封面一样的版面上，用黑色大号字写道："朋友圈卖劣质面膜的人，应该拉黑吗？""在地铁上发现色狼骚扰美女应该报警吗？"下面分别用小号的字体回复："不，要先去骂一句××"和"不，应该拉出去暴打"。说出了大家想说而不敢说的话，最下面自然引出"幸好在手机上你不用忍着，不管什么垃圾，猎豹都会清理干净"的主题表达。

文案不仅要表达自己的态度，还能帮助用户表达态度，帮助读者说出想说不敢说，或者不知道怎么说的话。

比如，关于人贩子应不应该判死刑的内容，很容易被转发，其激发的就是愤怒情绪。而一个好玩有趣的短视频被转发，满足的则是人们对娱乐的需求。

一篇令人感到愤怒或者恐慌的文章很容易被转发的原因很简单，如果一件事情让我愤怒了，我想让大家知道我的愤怒并支持我的观点。如果一件事情让我恐慌了，我需要让大家知道我的恐慌，并和我一起恐慌。

文案作者如果能够在文案中植入搞笑、感动、喜悦、积极等等内容，触碰到用户的内心，进而产生共鸣，就能够引起用户对文案的喜欢和转发。

■ 暖心煽情的内容

如果一个文案你都看哭了，会不转发分享吗？用户转发此类内容时，想的是：让感动我的文字，也感动你。

在无奈现实里奔走的人，总是容易感慨于盛在字里行间的人间百味，那些烹调酸甜苦辣的爱情，那条记忆中弥漫着桂花香的小巷，那个灯火通明的燃着奋斗气息的城市……让我们想起失落已久的"我爱你"，住满山与大海向往的怀抱，还有那个不曾向现实低头的少年。

暖心的文案总是把你记忆里热气腾腾的欲望点燃，比如贝壳找房的那句："有时候'回家吧'，比'我爱你'更像情话。"比如，央视公益广告《家香·家乡》中的那句："家，是我们一辈子的馋。"

■ 激励行动的励志内容

这类文案有极大的号召力，让人看了热血沸腾。就像一个乞丐发现一个变身百万富翁的简单途径，当然立马照做。尤其是在一个人焦虑迷茫时，而现代人多数时候都处于这个状态，读完心灵鸡汤、励志故事或动人广告后，内心马上就会有行动后的满足感。哪怕仅仅是动了一下手指后就没有了下文，也挡不住当时内心澎湃的热情。

■ 有价值的实用内容

在《疯传：让你的产品、思想、行为像病毒一样入侵》一书里，有这样一句话："人们喜欢传递实用的信息，即别人能用得上的知识。"对价值内容的推崇，会给人一个好学、勤勉、努力、有知识的正能量形象。如《我是怎样赚到现在这些钱的》《一篇看懂互联网时代的品牌建设与传播》《工作十年，我经历了哪些思维上的转变》，很容易被不安于现状、希望变得更好的人转发。

在这个世界上，大概没有人会承认自己的无知，学习掌握优质的知识是判断一个人是否优质的基础。

还有一种实用内容是可以即时解决用户问题的内容。比如，支付宝发布了一则《Uber版本更替，支付宝风险危机》的文案。里面提到在Uber新老版本更替期间，用户最关注的问题：老版Uber里面还绑着自己的支付宝呢，需不需要马上解绑？不解绑会不会有风险？该怎么解绑？

然后，给出答案说：老版Uber的支付宝支付通道已经关闭，没有解绑的必要了。所以，用户"该吃吃该喝喝""啥事儿都不用干"，只管放心使用新版的Uber。

虽然这个文案要文笔没文笔，要排版没排版，看似只是单方面的"任性"通知，但因为实用性极强，所以转发率超高。

需要注意的是，要避免那些"假实用"的内容。如果仅仅靠标题吸睛，用户点进去之后，发现根本就是东拼西凑的东西，也就不会转发了。

■ 激发认同感的内容

从某种程度上说，认同=转发。就是当你的观点可以让别人找到一种认同感，觉得非常有道理时，就会忍不住分享给更多的朋友。

朋友圈曾有一篇文章非常火，标题是《为了爱你，他用尽了洪荒之力》。猛一看，还以为是写男友，点开发现写的是父亲。文章讲了三个关于父爱的小故事，结构不复杂，文笔也不华丽，却打动了很多人。因为这篇文章让读者想起了自己的父亲，想起了自己的父亲也是这样默默地、用尽全力地爱着自己。

朋友圈聚集了一群和自己关系较好的人，用户愿意分享一篇文章给他们，一定是怀着相信和真诚。没有人愿意分享自己认为是虚假的信息给好友，所以，你的朋友圈文案一定要够权威、有价值，打造出最强有力的认同感。

二、打造爆款短视频的文案

我们知道，抖音、快手等爆火的短视频平台，是打造私域流量的阵地。但目前各个平台每天都会更新几十万条短视频，如果没有做好策划，短视频就无法获得高点击量。那么，如何策划一款能在海量短视频中脱颖而出，能获得更多曝光率和点赞量的短视频呢？

■ 蹭热点型

蹭热点可以说是最简单有效的文案设计方案。有人说，对于每个短视频创作者来说，热点就像是天上掉下来的馅饼。正确的蹭热点方式，可以让短视频在短时间内撬动极高的流量，非常容易成为爆款，这是令普通的主题内容难以望其项背的。

热点怎么蹭？

1. 发现热点

可以关注百度、微博热搜等平台，第一时间发现热点事件。热点包括热点时事、热点影视、热点明星事件、热点歌曲以及热点游戏等等。

2. 开脑洞找匹配点

再热的热点，如果找不到和自己拍摄主题匹配的角度，结果不是没效果，就是招骂掉粉。所以，要开脑洞，将热点与自己的主题进行碰撞，得出结果匹配的点。在这方面，最令人折服的当属杜蕾斯的文案，常常出其不意，简单且不失风趣。短视频作者可以向其学习，运用到自己的创作中。

另外，还要注意热点与自己视频账号的定位是否契合。如果热门事件根本无法和自己的账号定位关联起来，宁可放弃，也不要强行去蹭。

■ 反转型

有一类作品是靠着反转的情节设计吸引眼球的。这类短视频开头或者平淡无奇，或者让人产生错觉，下一秒却会出现神转折，让用户的预想落空，从而给用户造成心理失衡，获得高度关注。反转设计由于具有戏剧化效果，会激发用户的强烈兴趣。

■ 创意型

在抖音上，点赞量超高的短视频，很多都是靠的创意。短短一两分钟，就像微电影，给人意想不到的惊喜。创意可以体现在情节设计、内容设计、道具设计、拍摄角度设计上。

比如，本身比较枯燥的教学类视频，也有运营者做得非常有趣。有一期英语短视频教学是这样的：

女问：请问ABCDEFG是什么意思？

男答：A boy can do everything for girl.（男生可以为女生做一切事情）。

旁边人非常不客气提醒女人：别忘了后面还有HIJK，意思是He is just kidding（他在骗你）。

女淡定答：他骗我也没有关系，因为后面是LMNOP，就是Love must need our patience（爱需要耐心）。

这种创意让用户记忆十分深刻，也十分喜欢。

■ 互动型

互动型文案的关键点在于，提升参与感，激发用户的互动兴趣。在互动型文案的设计中，可以利用疑问句和反问句，引导用户在评论区留言。在问题的设置上，建议选择二选一的问题，这样方便用户不用费脑子就能给出结论，参与轻松，参与的热情就高。

在设置问题时，尽量设置二选一的问题，这样用户在评论时更加直接，不用过多地思考，参与度更高！

另外，还可以在文案中留下开放式问题，如"你喜欢哪一段？""你还想知道什么？评论区留言给我吧。""你们说我该怎么办？""你的女朋友也是这样对你的吗？"类似开放式的问题，用户也很愿意去回答。评论量多，对视频上热门有很大的助推作用。

■ 情感共鸣型

有人经常调侃，刷短视频上一秒在笑，下一秒就哭了。这是因为很多短视频文案善于抓住人性的弱点和软肋，通过简单的文字与用户产生共鸣。

比如说某希望基金拍摄的创意短片"不怎么样的25岁，谁没有过"，讲述的就是著名导演李安在25岁时出去面试，结果他的简历被各企业高管痛批的故事，这份简历甚至还被评价为"HR不会通过""第一瞬间就刷掉了"，结果在多年后，李安却获得两次奥斯卡金像奖。

这个短片因为情感共鸣，引起了大量的人参与话题讨论。有一些成就的中年人从中看到了自己曾经的影子。尚处在这个年龄阶段的人想到了最近的类似遭遇，并幻想视频里的事未来也会发生在自己身上。

不要想着你的短视频内容很牛，就不需要文案策划了。其实，内容越好，越需要策划。因为好的策划，加上好的内容，才能更容易打造出爆款短视频。

三、让销量翻倍的小程序文案

小程序作为搭建私域流量的一个阵地，具有快速、低成本获客的巨大优势，但不少商家制作出的小程序却没有真正运营起来，使得商家没有能通过小程序获得应有的收益。下面就让我们看看，如何策划设计一款可以快速引流的小程序。

■ 名字策划

电商小程序的第一步是给小程序取一个让人容易记住的名字。一个符合用户搜索习惯的词能带来无法预估的流量，所以，各个行业的商家在搭建小程序的私域流量池时，应该首先策划一个好名字。

小程序的名称建议是品牌、商标，或其他具有辨识度的短词。短小且具有独特性，便于用户识别记忆。我们常用的小程序一般都有这个特点，如图8-1所示。

图8-1 名称、辨识度

此外，小程序的名字里要避免使用促销、免费、打折等具有夸大性质的字眼。因为这不是小程序的核心功能，不符合用户对小程序的认知，存在误导性。

■ 页面策划

电商小程序的页面，就像人脸一样，至关重要。所以，优秀的美工和文案设计绝不可少，高质量的图片不但能给人带来视觉享受，也更能传递产品价值。

提高用户体验率的文案页面设计，包括首页布局、模块设计、详情页布局、色彩搭配等诸多细节。请看小程序学而思网校的首页布局,非常清晰,家长可根据孩子年龄定位选择内容,如图8-2所示。

图8-2 页面策划

■ 内容策划

除了页面设计要好看、便捷,符合用户审美和操作,内容更是不能疏忽,它直接影响用户的购物体验。因此,商家可以通过在小程序发布与产品相关的优质内容,来加强与用户之间的联系,打造"种草社区"。

服装界品牌"妖精的口袋"上线了专题文章小程序,专门发布新品服饰,指导用户在具体场景下的时尚穿搭,吸引了很多粉丝。

■ 活动策划

电商小程序自然少不了做活动来引流和促销，比如拼团、会员卡、打折。活动策划的第一步需要给活动一个理由。

找理由很容易，节假日、纪念日、周年庆、季节变换、生活热点、娱乐热点等等都可以拿来用。但难的是把这个理由和活动无缝对接起来。比如，女装在"三八节"做活动，就可以用"女人自己的节日""懂得爱自己"之类的话，衔接出想要的女人想要的衣服，自己买来实现转化。

其次，活动策划的重点是利益点，吸引用户参与活动。活动规则以及活动内容都需要仔细推敲，尽量做到流程简单，文案清晰，没有歧义。比如，是否符合用户习惯，获奖的设计是游戏化，还是任务化？如果是游戏，如何设置才更有趣？如果是任务化，门槛的高度是否合适等等。

一套精心设计的文案，可以为电商小程序引流，同时增强活跃度。

四、引导买买买的直播带货文案

为什么有的主播带货，成交千万，直播间人气爆棚？而有的主播带货，成交寥寥，直播间冷冷清清？其实，造成这个差异的重要原因就是带货文案的设计。

直播文案就像电影的脚本一样，有开篇、有高潮、有结尾，可以规范流程，把控节奏，最后达到预期的目标。要知道，直播带货全靠文案吸引并让大家了解产品，进而下单购买。

一个优质的带货文案，绝对是直播间成交的撒手锏！那么，直播带货文案，怎么设计才能爆单？我们盘点了以下几个技巧。

■ 明确主题

在策划一场直播前，首先要明确直播的主题。是为了活动促销，还是宣传品牌，建立信任。明确了这个主题，就可以把它表明在直播标题里，以便让粉丝更清楚、直观地对直播内容有一个了解。这是直播文案设计非常重要的一个部分，所以值得重视。在公众号"薇娅惊喜社"，发布的直播预告，就有"大促""秒杀"之类显示直播目的的字眼，如图8-3所示。

图8-3 "薇娅惊喜社"公众号

时间安排和节奏把控

直播有三个时间段，第一个是早上6:00~10:00，第二个是中午12:00~18：00，第三个是晚上18:00~24：00。一般来说，第一个时间段是圈粉时间，第二个时间段是粉丝维护时间，第三个则是直播的黄金时间段。不同的时间段，粉丝群体不同，所需要的直播文案也有差别。

从上面可以看到整场直播时间长达4到6个小时，期间不休息，这么长的时间如果节奏感掌控不好，就很容易让粉丝倦怠。所以，要提前进行规划和安排，什么时间点做什么，都应提前设计好。

第一步：开播前1分钟，先和已经到了的粉丝打个招呼，强调直播开始的时间。

第二步：1~5分钟，近景拍摄，一边和粉丝互动，一边安利今天直播的爆款，等更多粉丝进入直播间。

第三步：5~10分钟，先按照自己的节奏把本场所有款项过一遍，不做过多停留。暂时不回粉丝在评论区的问题，以免这个步骤时间超时。

第四步：推荐产品第一波，一款产品大约3~5分钟，产品数量10个左右。

第五步：互动，发福利，领红包，折扣、立减、买一赠一等等，大约10分钟。

第六步：介绍产品第二波，同第一波，产品数量大约10个左右。

第七步：互动，发福利，内容同第五步，大约10分钟。

第八步：最后1小时，爆款返场重点推。

第九步：最后10分钟，剧透下场直播的爆款以及福利。同时回答粉丝的各种问题，关于下单的问题由小助理回复。

第十步：最后1分钟，强调关注下次直播时间。

固定直播时间段，统一直播节奏，坚持下去，慢慢培养用户的观看习惯。

■ 搭建消费场景

一款产品如果能告诉用户，在什么情景下使用，就能很好地激发用户的购买欲。我们来看李佳琦的带货文案是怎么搭建使用场景的。

"穿风衣的时候，一定用这个颜色。出门干嘛都可以涂808。秋冬天用这个颜色，你就炸了。"这里面的穿风衣、出门、秋冬天都是经常使用的场景，很容易形成购买理由。

而且场景描述越具体，越有效果。比如，"这是和男朋友约会必戴的耳环"，"这给你新入职准备的套装，精致又高级"。

这种搭建场景式的直播卖货文案，既可以提升粉丝的使用体验，又可以增加产品的魅力。用户会觉得，错失了产品，就等于错失了那个场景中的美丽，多半立刻就会下单。

■ 描述细节营造真实感

光靠单纯的文字，让用户去想象，效果远不如直接营造画面感。在粉丝接触不到产品的情况下，主播可以通过亲身体验去营造真实感。

所以，主播都会在直播间试穿、试吃，通过一个可视化的形式，营造更直接的观感。

如果你卖的是一款酸辣粉或红油面皮，直接撕开煮一袋。先来个近镜头，看看色泽，然后美美开吃。一边吃一边夸赞口感、味道，还有什么比这更有诱惑力？

试穿和试吃的效果差不多，多半人都会觉得主播穿上去很好看，就忍不住剁手了。

画面感要比单纯的文字表达更能提升信任度，从而想要购买推荐的产品。

- 用数字强调优惠力度

直播中，利用优惠催单是很关键的一步。粉丝们为何要在直播间买东西？90%的原因是更便宜。所以，在文案设计时就要着重强调诱惑的力度。而最能体现优惠力度的是数字，可以巧妙利用。比如，"品牌女装一折起"，"新款上市立减50"，"进店礼，满200减100"。或者"这款小白鞋清洁剂，旗舰店价格是79.8，今天在直播间，买两瓶直接减80元，相当于第二瓶不要钱。"

一个好的直播卖货文案，可以大大提高直播间的转化率。

五、社群引流、互动和成交的文案

社群是私域流量落地的一个重要形式。相对于其他形式，社群有很多优势，比如社群的半开放性，大大提高了点对点沟通的有效性。一个转化率高的社群必定不只会发甩卖信息，实际上，你以为的优质群里随便分享的文章，都是经过精心设计和策划的。一个成功的社群必然要经历引流期、互动期和盈利期。在这个三个不同的时期，使用的文案也不尽相同，下面我们分别来看：

- 群引流文案

群引流文案的最大特点就是精准、简短、接地气。精准，即你只需要吸引你的精准用户，关注他们的需求，而不必讨好所有人。简短，即没有人喜欢啰唆。接地气，即说话不要故弄玄虚，让人听不懂，越接地气越能俘获用户的心。

比如，一个钢琴培训班建了一个群，"音乐，陶冶情操"和"学钢琴的小孩，不会变坏"，哪句话做群介绍有助于引流，一目了然。

在写引流文案前，问问自己：我的用户是谁？他们遇到了什么问题？我能帮助他们做什么？

明确了这几个问题，就能得出一个成功的文案写作套路。就是找到目标用户遭遇的问题，给出解决方案。比如，"3节免费直播课，教你的孩子爱上阅读，想听的扫码进群。""化妆知识，化妆问题，你想要的答案这里都有，扫码进群看分享。"

想想你建群的初衷是做什么？你想要吸引的用户有哪些？了解了这些，引流的文案就不难写。

■ 群互动文案

一些群经营者很懒，或者说不够用心，顶多定点发布一些固定模式的内容，或者随手转发一些和行业有关的信息。虽然看起来也很卖力，也有一些讨论点，但因为缺乏朋友式的真情实感，时间长了，用户就会失去互动的热情。

即便是同样一件事，不同的文案策划，也会收到完全不同的效果。请对比下面两个文案：

第一个：@所有人，本周六晚8点，社群邀请著名儿童心理专家分享"亲子关系"，感兴趣的朋友记得参加哦。

第二个：前几天，很多妈妈反映，孩子越大亲子关系越难处，为此我们特地邀请了著名儿童心理专家，本周六晚8点举行亲子关系分享会，想要学习的爸爸妈妈千万不要错过哦。

第一个文案虽然也表达清楚了，却比第二个少了一些人情味。第二个文案，更像是关系亲密的朋友家人，看到你遇到了困难，真心替你着急，想要为你分忧。

社群就像一个大家庭，需要真心和温情来守护。更重要的，这种关系的升级看似没有什么，其实里面暗藏着玄机。想想看，当你和一个卖货人的关系类似于陌生人的时候，是不是期待对方的货物越便宜越好，够划算才会下单，总是抱着货比三家不吃亏的心理，唯恐被坑、被骗。而当你和一个卖货人成了朋友，你还会去货比三家吗？你会觉得大家都是朋友了，对方肯定不会坑自己。由于这层感情关系，就会直接下单。如果产品质量超乎预期，更加会乐意把产品推荐给自己的其他朋友。

写文案的时候，把用户当作朋友，关注对方关注的，给对方想要的，社群就会成为一个和谐友爱的家。

■ 群成交文案

成交依赖于活动。一个成交率高的活动文案怎么写呢？这里分享三点：

1. 比例偏见

如果"买198元的榨汁机，送68元的杯子"，好像没什么令人动心的。但改成"买198元的榨汁机，加1元换购价值68元的杯子"，就等于花198买了一个榨汁机，而如果加1元，就等于1块钱买了一个68块的杯子，这个便宜就被放大了68倍，比第一个明显更有促销感觉。

2. 打折和买1送N

直接说打折，听起来是优惠了，但也会让人怀疑是商家提高了原价玩的小伎俩。相对于打折，买1送N的效果会更好。比如"买一送六""买一送八"，不管送的是什么，这么大的量，已经让用户觉得便宜绝对占大了。

3. 零风险承诺

如果你敢做出"退货包运费""7天无理由退货等承诺""一年内，免费换新"会把用户最后的各种担心全都化解。这其实是在给还在犹豫的用户吃一颗定心丸，给他一个立即下单的理由。这个承诺一定要趁热打铁，否则等用户想买的热情消散，就很难再掏腰包付款了。

六、卖货的公众号文章策划

微信公众号作为一个成熟的私域流量池，打广告和卖货的功能都有。当公众号上的粉丝累积到一定数量，就可以充分利用粉丝经济，通过打广告和卖货来变现。

有一定流量的公众号，一般都具有原创性和专业性的特点，吸引的粉丝基本与公众号运营者的人设年龄相仿，或者价值观相似。粉丝具有一定的黏性和信任度，比较容易接受公众号的推广。再加上正确的引导，潜在的消费力就可以被激发出来。那么，公众号的广告或者引导销售的文章该怎么写？

■ 根据粉丝画像选择产品

公众号运营者首先要对自己的粉丝进行一个分析，包括性别、年龄、爱好以及消费水平等。根据粉丝的特点，选择适合的产品进行销售试水，比如一个专注于新手妈妈育儿的公众号，可以选择母婴产品、家居产品，而不是电子产品。

■ 设计一个吸引眼球的标题

如果公众号文章的整体分是100分，那么标题至少占了一半的分数。所以，标题必须让人看一眼就想点进去看个究竟，如果这个欲望没有被激发出来，文章就算白费了。但这也使得标题党越来越盛行。适当的标题党是可行的，但如果标题过分夸大，或者完全与内文不符，只会引人反感。公众号文章的标题怎么设计呢？

1. 借势名人

借助名人的热点和流量，在公众号上是最为常见的。在这点上，"十点课堂"公众号的每一个标题基本都符合这个要求，如图8-4所示。

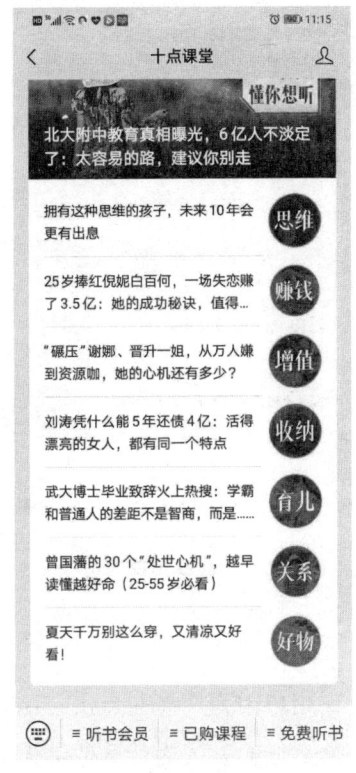

图8-4 "十点课堂"公众号

2. 简单易懂

标题一定要简单易懂，避免用泛泛而迷糊的词语，让人摸不着头脑。有必要刻意发挥数字的威力，数字具有很高的辨识度，能够给人一种信息含量高、专业度强的印象。比如《给年轻人的三条建议》，"策划小白，2年从月薪2000到年薪50万"等。"格格小区"的公众号文章多半都采用的是这个套路，如图8-5所示。

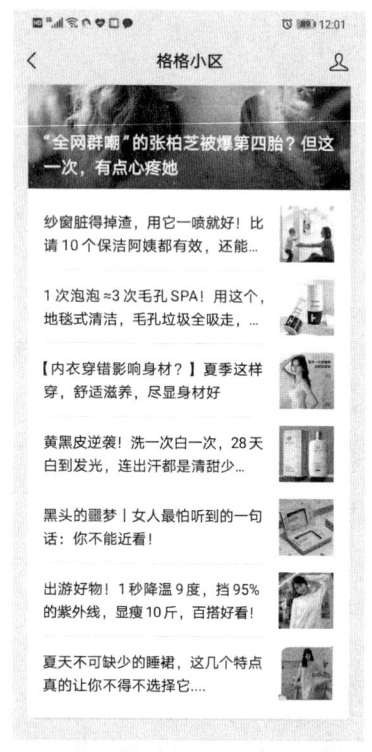

图8-5 "格格小区"公众号

3. 戳中痛点

戳到用户的痛处，让用户因为疼痛而点击。比如，《为什么新媒体要会这么多技能，薪资却这么低？》《为什么你铺天盖地地打广告，顾客却无动于衷？》

在写标题的时候，尽量站在用户角度，思考用户的思维方式，才能写出能够直击痛点的标题。举个例子，《2021，私域流量运营攻略》远不如《2021，私域流量怎么运营才能早日赚钱》更具吸引力。"早日赚钱"是私域流量运营者普遍关心的话题，用户点击的欲望就更强。

4. 设置疑问

提出问题，用户就会想要知道答案。提出问题的形式大致有两种：一种是"如何式",经典案例中的标题全部属于此类。很多文案写手宣称,如果你的标题以"如何"开头,你就不会写出太差的标题。另一种是"提问式",此类标题难度略高。标题中提出的问题一定要让读者产生共鸣,或者想知道答案,才能发挥出效果。比如,"毕业三年了,月收入应该多少才是正常的?"

5. 提炼结果

提炼结果有两个好处,一个是给用户直接的感受,一个是让用户一看就知道是不是自己需要的。比如,凯叔学堂发布的一篇卖凯叔阅读课的文章,标题为:"豆瓣9.2分!央视纪录片《我不是笨小孩》,揭开孩子学习困难背后的真相"。标题里就包括了家长因为孩子成绩差而怀疑孩子智商的感受,以及想改善孩子学习困难情况的需求。

另外,标题的设计还可以运用反常识,挑战读者的定势思维,比如《纯天然的就是健康的吗》。也可以利用对比和反差,让标题更有冲击力。

■ 打造让人忍不住读下去的内容

虽然目的是插入广告,但绝不可以简单粗暴。如果你一上来就摆出一副推销的样子,很难让人继续阅读下去。所以,设计吸引人的内容是关键,其中效果最为显著的一个方式是讲故事。

讲一个有趣的且和产品有关的故事,一方面可以吸引读者的兴趣,一方面可以让广告不那么生硬。比如,一篇《清华老爸高调带女儿翘课:态度有点傲慢,400万网友却毫不犹豫给他点赞》,先是讲述了在《最强大脑》一战成名的"水哥"王昱珩,一个学期,让女儿上半学期,剩下半学期带她到处"玩"的故事,最后合理引出一套科学系列探索课的广告。

另外,也可以在语言上下功夫,比如你选择的是八卦之类的轻松内容,就可以采用幽默风趣的语言风格。选择的如果是情感话题,则应使用比较温暖的语言风格。

■ 广告植入点设计

前面的内容一定要为后面的广告植入埋下包袱，这样后面出现广告的时候，才会顺理成章，让用户觉得合逻辑、有意思，进而降低对广告的排斥感。

比如，用户看完了前面的故事，当他处在被感动、被温暖的时候，突然接收到后面的广告，虽然有点意外，但一般不会反感。如果植入的方式巧妙又有趣，用户则会会心一笑，记忆深刻，甚至会引发互动，比如有粉丝会在评论区留言："这样的广告给我来一打。""这广告植入，毫无违和感。"

一篇好的文案绝不是简单的内容加广告的复制粘贴形式，而是要有机植入，合理组合，才能成为读者的"心头好"。

虽然2021年有不少人在喊着别再做公众号了，但公众号经历了新生、火爆，到如今进入一个相对平稳的时期，对私域流量的运营来说，仍然有不可取代的优势。

第九章

私域流量成功案例解析

一、李佳琦的私域流量运营

2020年，李佳琦依然是最火的主播之一。他被称为"口红一哥"，是吉尼斯纪录保持者，击败马云的男人……一系列的称号，频频成为各大内容头条的主角。为什么李佳琦卖东西如此火？除了个人努力和站对风口外，还有他的团队能够精准运营私域流量。

下面，我们来看李佳琦是怎么运营私域流量的。

■ 打造私域流量矩阵

李佳琦的团队在运营私域流量时，并不是运营单一的某个私域流量池，而是打造了一个由"微信群+个人号+微信公众号"三部分构成的流量矩阵。

微信群：很多粉丝会添加"李佳琦粉丝群"，了解直播最新动态。据知乎网站报道，现在，李佳琦拥有二百多个微信粉丝群，微信群总人数超过10万人。

个人号：个人号一般是由助理管理，假设李佳琦的微信社群矩阵拥有15个个人号，每个个人号可添加4000名好友，个人号可以沉淀6万的用户。而李佳琦运营团队的个人号，远远不止15个。运营个人号时，助理会精心构思朋友圈内容，打造李佳琦平易近人的形象，让粉丝觉得他不是一个遥远的主播，而是身边的朋友，拉近李佳琦与粉丝的距离。

微信公众号：李佳琦拥有2个微信公众号，分别是"李佳琦Austin粉丝福利社"和"口红一哥李佳琦"，如图9-1所示，微信公众号会实时发布直播动态和活动内容。

图9-1 李佳琦公众号

运营一个用户超十万人的大型社群，工作量非常巨大，为什么李佳琦在淘宝已经有了几千万的粉丝，他的团队还要花费大量人力物力运营私域流量呢？这是因为私域流量可以更好地维护粉丝，经营和粉丝之间的感情关系，建立更为牢固的信任关系，为复购打下基础。

■ 粉丝群的运营套路

李佳琦每天都在开直播，每次推荐几十款产品。庞大的销售额，很难保证所有产品都不出问题。因此，李佳琦运营了社群，当粉丝购买的产品出现问题时，可以直接在社群中联系管理员处理。既直接有效，又不会去直播间申诉，破坏直播氛围。比如，李佳琦的微信群里有大约20万人，但他在里面并不卖货，也没有广告，他的目的是留存铁粉，提升客户终身价值。

那么，我们来看看李佳琦是怎么运营他庞大的粉丝群的？

1. 进群仪式

粉丝进群时，群里的小助理会推送欢迎消息，并且给你入群须知。比如，备注你的肤质+地区。因为群里每天都有人会问自己的皮肤遇到了什么问题，这样相似肤质的人就会给建议，互相帮助中气氛就被带起来了。既避免了新成员初来乍到没话题聊，也让老成员有了参与的热情。

2. 积分签到

积分签到是一个非常传统的营销工具，在李佳琦的粉丝群里，群机器人助手每天都会发积分签到的小程序，攒够一定的积分可以兑换小程序商城里的产品。所以，活跃度很高。

3. 控制聊天节奏

一个群里形形色色的人都有，当有人批评李佳琦推荐的护肤品没有效果时，管理人员就会出来圆场，把聊天带向正面。或者在了解事情原委后，帮助粉丝解决问题，比如退货等。

4. 发直播预告

每天直播前，群里会发预告和直播货品清单。一方面完成了直播预售，有意向购买的粉丝会去直播间。另一方面，也给群里带来了话题，引发讨论。

5. 福利促活

为什么粉丝喜欢购买李佳琦推荐的商品，就是因为商品物美价廉。李佳琦的团队会直接在社群中发布活动促销内容，刺激粉丝下单。团队还会利用公众号和社群给粉丝送福利，如心愿单、积分抽奖等。这些都是运营私域流量的促活手段，有效提升用户黏度。

总之，李佳琦的成功，是私域流量运营模式下的一个缩影。

二、完美日记的私域流量运营

李佳琦火了，完美日记也火了。一个成为"口红一哥"，撑起了直播的半壁江山；一个是国货美妆品牌，2017年以黑马杀入赛道，2019年登上天猫"双11"彩妆榜首,包揽天猫2019全年大促彩妆冠军。

和李佳琦一样,完美日记也在私域流量建设方面取得了很好的效果。虽然大部分模式和李佳琦差不多,但仍然有一些不同的思路和玩法,值得推荐给大家。

■ IP人设打造

完美日记打造私域流量的方式主要有两种,一种是门店导流,使用福利引导到店的顾客加微信个人号"小完子";另一种是用户在收到完美日记产品时,包裹里会带一张"红包卡",关注公众号方能领取,然后再引导添加个人号"小完子"。

完美日记上千个私人微信,都是以"小完子"人设对外。完美日记人设的打造有庞大的运营团队支撑,使得品牌更加接地气。

"完美日记"的个人号打造出了一个活生生的人,而不只是一个产品分销商的角色。她是一个高颜值的美妆达人,在分享美妆产品的同时,偶尔也会分享美食,发个小牢骚,像一个陪伴在你身边可以聊美食、聊日常、有温度、有情感的朋友,如图9-2所示。

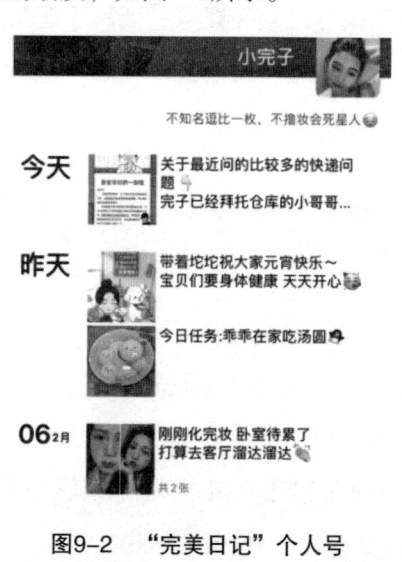

图9-2 "完美日记"个人号

相对于一个冷冰冰的企业号，一个有血有肉、有温度的个人号会更受欢迎。温度包括生活中的鸡零狗碎，秀个养眼的自拍，来一张正能量满满的早餐，去网红圣地打个卡，也会偶尔吐个槽……给人的感觉，就是一个活生生的人，有着普通人的小确幸和小烦恼，没有距离感，很容易亲近，同时又有着自己的小个性。

小完子就是这样，她让用户感受到人设的颜值、仪表、穿着与谈吐等人格化特点，消除了与顾客之间的距离感。除了通过日常生活来体现真实和鲜活，也不会忘记自己的工作是"私人美妆顾问"。她的朋友圈里，彩妆图片及专业教程也不在少数，但由于并非直推产品，而是传授方法和知识，并不会让用户反感。

有人摸索出一个规律，在朋友圈里展示内容的时候，不能都是产品，最好是生活、产品、专业性分别占有一定的比例，比如10%的内容是产品，40%的内容是生活，50%的内容是专业知识。

■ 微信号矩阵

李佳琦是尽量把粉丝导入一个账号，聚焦才能凸显个人IP。而完美日记则是打造了很多个不同类型的微信公众号矩阵，以便覆盖更多用户。有针对学生党的，有专门提供美妆护肤服务的，等等。

■ 内容营销

完美日记的内容营销和李佳琦的不同，比如，在李佳琦的公众号上，大部分只做预告。而完美日记不仅有预告，还有美妆教程，产品测评，互动活动。再比如，在李佳琦的微信群里，主要是直播预告和用户互动，并不做产品推销和成交。而完美日记不同，群内每天都有各种新品上架，折扣优惠提醒，用户可以直接在小程序下单购买。

李佳琦的个人号管理者是其助理，而小完子的朋友圈则是找颜值高的女孩来扮演，自然更具有亲和力。

完美日记在天猫的粉丝超过1000万，完美日记的崛起，绝对离不开私域流量的功劳。构建私域流量的这些战略特点，值得所有品牌商家借鉴和学习。